Die erfahrene Generation
Zeit für sich — Zeit für andere

Die erfahrene Generation

Elsbeth Wagner

Zeit für sich — Zeit für andere

Hundert Beispiele
für Hobby und Helfen

Ernst Klett Stuttgart

CIP-Kurztitelaufnahme der Deutschen Bibliothek

Wagner, Elsbeth:
Zeit für sich — Zeit für andere:
100 Beispiele für Hobby u. Helfen/Elsbeth Wagner. —
1. Aufl. — Stuttgart: Klett, 1982.
(Die erfahrene Generation)
ISBN 3-12-763950-3

1. Auflage 1982
Fotomechanische Wiedergabe nur mit
Genehmigung des Verlages
© Ernst Klett Stuttgart 1982 — Alle Rechte vorbehalten
Printed in Germany
Illustrationen: Herbert Horn, München
Einband: H. Lämmle u. H. Nast-Kolb, Stuttgart
Satz: Steffen Hahn, Kornwestheim
Druck und Binden: W. Röck, Weinsberg

Inhalt

Dieses Buch ist ein "Mehrzweck"-Buch 7

Rund um das Hobby.. 10
  1. Handarbeiten, Werken, Basteln..................................... 21
  2. Malen und Modellieren.. 26
  3. Sammeln als Hobby.. 33
  4. Singen und Musizieren.. 38
  5. Spielen... 44
  6. Fotografieren, Filmen, Funken..................................... 52
  7. Sport und Bewegung.. 55
  8. Urlaub und Reisen... 66
  9. Bildungsangebote.. 72

Etwas für andere tun 77
  1. Mitarbeit in Altenclubs, Altenbegegnungsstätten und
     anderen Freizeitangeboten für Ältere 84
  2. Als Helfer bei "mobilen Diensten" und Nachbarschaftshilfe.... 90
  3. Besuchsdienste bei alleinlebenden älteren Menschen 94
  4. Besuchsdienste in Altenheim und Krankenhaus 98
  5. Babysitter-Hilfsdienste und "Wahl-Omis" 102
  6. Mitarbeit in Beratungsstellen, Helfen in
     Behördenangelegenheiten usw. 105
  7. Mitarbeit in Reparaturdiensten.................................... 109
  8. Mitarbeit in Bürgerinitiativen..................................... 112
  9. Übernahme von Ehrenämtern..................................... 116
  10. Noch mehr Anregungen und Initiativen...................... 120
  Ein Wort noch zu den Beispielen.................................... 125

Sieben Goldene Regeln zum guten Schluß 126

Anhang: Adressen, Telefonnummern..................................... 129

Dieses Buch ist ein "Mehrzweck"-Buch!

Wenn man ein Buch kauft, steht im allgemeinen die Absicht dahinter, sich entweder mit einer Erzählung oder einem Roman gut zu unterhalten oder über ein spezielles Wissensgebiet mehr erfahren zu wollen. Lesen ist schließlich eines der verbreitetsten Freizeitvergnügen.

Soviel frei verfügbare Zeit wie heutzutage hat es im Leben der Menschen jedoch noch nie zuvor gegeben, und gleichzeitig bringt es die Entwicklung unserer Gesellschaft mit sich, daß der einzelne Mensch um vieles isolierter von der Gemeinschaft auf sich selbst und damit weitgehend auf sich allein angewiesen ist. Die Gefahren, die sich daraus ergeben, sind bekannt. Es fängt damit an, daß man sich unausgefüllt, überflüssig und keineswegs glücklich fühlt. Das Leben macht keinen rechten Spaß mehr.

Dieses Buch will dazu beitragen, daran etwas zu ändern. Es will Sie darüber informieren, wie groß die Palette der Freizeitmöglichkeiten und Hobbys heute ist, wo und von wem sie angeboten werden und auf welche Weise man Gleichgesinnte und Gleichinteressierte trifft. Darüber hinaus will es Sie anregen und dazu anstiften, selbst aktiv zu werden und eigene Einfälle und Pläne zu verwirklichen — und es will Ihnen helfen, diejenige Freizeitbetätigung herauszufinden, die Ihnen am meisten liegt. Außerdem wird es Sie mit Sicherheit nicht langweilen und Ihnen dabei Informationen vermitteln, die Ihnen auch morgen und übermorgen noch von Nutzen sein werden. Eben — ein Mehrzweckbuch!

Deshalb können Sie sich auch auf unterschiedliche Weise damit beschäftigen, zum Beispiel
* es in einem Zug von der ersten bis zur letzten Seite durchlesen,
* über das Inhaltsverzeichnis zunächst die Sie besonders interessierenden Kapitel herauspicken
* oder zur Einführung erst einmal das Testspiel "Freizeit-Wegweiser" vornehmen.

Und ganz sicher werden Sie dieses Buch
* als Nachschlageband für Adressen, Anregungen, Beispiele und eigene Möglichkeiten immer wieder nutzen können.

Das Testspiel "Freizeit-Wegweiser" finden Sie — mit der genauen Anleitung, wie es gemacht wird — in der Einsteckklappe auf der rückwärtigen inneren Einbandseite. Wenn Sie mit ihm den Anfang machen, bekommen Sie gleich einen ersten Eindruck von Ihren bis dahin vielleicht noch "ungeahnten" Möglichkeiten. Nähere Einzelheiten finden Sie dann in den jeweiligen Kapiteln, dazu ein Verzeichnis von wichtigen Anschriften im *Anhang,* das Ihnen dabei hilft, Ihren Vorlieben nachzugehen und Ihre Vorhaben in die Tat umzusetzen.

Adressen und Telefonnummern im Anhang: In fast allen Kapiteln wird auf bestimmte Einrichtungen verwiesen, werden Anschriften genannt und Hinweise gegeben. Im Anhang sind alle Adressen und — soweit möglich — Telefonnummern übersichtlich geordnet. Das Zeichen mit Brief und Telefon am Rand macht auf Anschriften aufmerksam und erinnert an die Übersicht im Anhang.

Vorab etwas zu den Beispielen: Beim Lesen der jedem Kapitel folgenden Abschnitte werden Sie sich vielleicht fragen, ob diese Beispiele der Wirklichkeit entsprechen. Keines von ihnen ist erfunden, und so überzeugend hätte sie auch kaum jemand erfinden können. Sie spiegeln den Freiraum der bereits von vielen Menschen in der zweiten Lebenshälfte genutzten Möglichkeiten. Während die Altersforscher noch immer Mühe haben, mit ihren Ergebnissen gegen voreingenommene Klischees anzugehen, haben die Älteren selbst den besten Beweis für die Übereinstimmung der Wissenschaft mit der Realität längst erbracht. Dabei darf nicht übersehen werden, daß die Teilnahme an Freizeitangeboten für einen Teil der älteren Mitbürger auch von ihrer geminderten Gesundheit wie von ihren geminderten finanziellen Voraussetzungen eingegrenzt ist. Sich gerade für diese weniger begünstigten Bürger einzusetzen, gehört deshalb selbstverständlich in den Rahmen der Beispiele, die den Leser zum Selbst-Tätigwerden anregen sollen.

Eines kann allerdings nicht garantiert werden — daß nämlich alle angeführten Initiativen mehr oder weniger unverändert weiterbestehen. Sie alle sind aber in ihrem Ursprung von tatkräftigen Menschen ausgegangen, die eines Tages auch ausfallen können und damit eine mehr oder weniger große Veränderung zum einen oder anderen hin bewirken. Auch andere ursprünglich gegebene Voraussetzungen unterliegen Abweichungen, weil die Zeiten — und mit ihnen die Gesellschaft — sich inzwischen verändert haben. Der Wert der Beispiele an sich wird damit jedoch nicht gemindert — genausowenig, wie das bei historischen Vorkommnissen der Fall ist, die bereits in die Geschichtsbücher eingegangen sind. Auf die Nennung persönlicher Daten wurde im einzelnen weitgehend verzichtet, um den gesetzlichen Schutzbestimmungen zu entsprechen.

An dieser Stelle hat die Autorin einen Dank abzustatten. Seit langen Jahren Mitarbeiterin im Kuratorium Deutsche Altershilfe (KDA) — Wilhelmine-Lübke-Stiftung e. V. —, hatte ich Einblick in einen sich ständig vergrößernden und auch erneuernden Fundus von Mitteilungen aus dem Bereich der Angebote sowohl für ältere Bürger als auch der selbstverantwortlichen Tätigkeiten der Älteren, vor denen man mit großer Anerkennung nur den Hut ziehen kann. Ohne diesen Fundus, der auf Wirklichkeit und Wahrheit beruht, hätte ich dieses Buch nicht schreiben können. Ich möchte die Überzeugung und die Hochachtung, die ich dabei gewonnen habe, nicht für mich behalten, sondern weitergeben, im Sinne des KDA. Um die Leser dazu anzuregen und dafür zu gewinnen, mit tätig zu sein. Sich ein "Beispiel zu nehmen".

Rund um das Hobby

Ein Hobby haben — ärztlich empfohlen

Ein Hobby — was ist das eigentlich? Ziemlich genau das, was früher auf gut deutsch Steckenpferd hieß. Während das Steckenpferd jedoch bekanntlich aus Holz geschnitzt war und ihm von daher auch etwas Hölzernes anhaftet, scheint das Hobby leichter, spielerischer, ungebundener. Wurde es von Sprachpuristen ursprünglich als Fremdwort abgelehnt, so ist es inzwischen als Lehnwort in unsere Sprache aufgenommen und kaum noch wegzudenken.

Das hängt sicher auch damit zusammen, daß einer spielerisch-ungebundenen Freizeitbetätigung heute eine ganz neue Bedeutung zukommt — nämlich als Gegengewicht gegen Hetze und Streß, die den Alltag im Beruf immer mehr bestimmen. Ärzte empfehlen deshalb nicht etwa nur geplagten Managern, sondern auch anderen unter Druck stehenden Berufstätigen "Legen Sie sich rechtzeitig ein Hobby zu!", als Maßnahme gegen einseitige Belastung und auch als Vorbeugung gegen den gefürchteten Herzinfarkt. Denn das Hobby bringt den benötigten seelischen — oder auch körperlichen — Ausgleich und damit die für die Gesundheit wichtige Entspannung.

Inzwischen ist erwiesen, daß das Hobby für Rentner, Pensionäre und die älteren Hausfrauen ebenso wichtig ist. Einer der ersten Altersforscher in der Bundesrepublik Deutschland, der leider zu früh verstorbene Prof. Dr. René Schubert von der Universität Erlangen-Nürnberg, hat es einmal so formuliert: "Mit einem Steckenpferd oder Hobby lassen sich fast alle Hürden im Alter mit Erfolg überspringen!" — und die Erfahrung vieler älterer Bürger gibt dem immer wieder recht.

Im übrigen konnten die Altersforscher nachweisen, daß eine Freizeitbetätigung, mit der man schon in der Jugend begonnen hat, im Alter am meisten Freude macht und innere Befriedigung verschafft. Sie empfehlen deshalb immer wieder, sich so früh wie möglich einem Hobby zuzuwenden. Wenn man sich erst nach der Pensionierung bzw. dem Eintritt in das Rentenalter darauf besinnt, kann die Entscheidung schwerer fallen. Grundsätzlich gilt dennoch, daß es nie zu spät für ein Hobby ist. Solange der Beruf oder der Haushalt noch wenig freie Zeit übrigläßt, bietet sich doch der Urlaub für erste Bekanntschaften mit einer Freizeittätigkeit an, die man dann weiter fortsetzen und ausbauen kann. Eine Vielzahl von Urlaubsorten und -einrichtungen im In- und Ausland haben heute Kurse für schöpferische Tätigkeiten wie auch Bildungs-Seminare in ihrem Programm.

Ein Hobby bringt doppelten Gewinn

Jedes Hobby, sosehr es sich auch von anderen unterscheiden mag, wirkt in zwei Richtungen: einmal auf den Menschen selbst, in seine Persönlichkeit hinein, mit kleinen oder größeren Erfolgserlebnissen, neuen Erfahrungen und Erkenntnissen, die ihn verändern. So trug vor einigen Jahren eine Ausstellung mit Bildern älterer Hobby-Maler den Titel "Malen als neue Kraft im Alter". Was damit gemeint ist, habe ich selbst erfahren, als ich mit 55 Jahren mit ersten Malversuchen begann. Ich fing zaghaft an und konnte dann kaum begreifen, daß mein Bild "etwas geworden" war, mitten aus einer zuerst nur weißen Fläche heraus. Auf den Grad der künstlerischen Vollendung kommt es dabei gar nicht an. Mit dem Zeichenstift oder dem Pinsel ist etwas entstanden, bei dem man staunt, daß man es selbst zuwege gebracht hat, und bei dem man nicht ahnte, daß man es irgendwo versteckt in sich trug. Man beobachtet Häuser und Landschaften, Licht und Schatten genauer, bekommt gewissermaßen neue Augen und nimmt wahr, was man zuvor gar nicht sehen konnte.

Selbst etwas anfangen, eigenes Tun bringt Erfahrungen ein, die nicht nur das äußere Auge schulen, sondern auch das innere Blickfeld erweitern. Man kommt auf neue Gedanken, entdeckt neue Zusammenhänge und sieht neue Wege. Alltagsschwierigkeiten und Tiefpunkte, wie sie jeder zuweilen erlebt, wiegen nicht mehr ganz so schwer und lassen sich um einiges leichter bewältigen. Wenn Sie daneben an das Fernsehen denken, das uns oft zwar gut unterhält und uns die Welt ins Wohnzimmer bringt — wir sitzen passiv davor und nehmen Eindrücke auf. Es belebt uns nicht auf lange Sicht, es löst keine Entwicklung in uns aus. Ein Hobby dagegen macht den Menschen innen reicher, lebendiger, glücklicher — und oft auch gesünder. Aus eigener Erfahrung kann ich das voll bestätigen.

Neben diesem Gewinn nach innen ergibt sich eine andere Wirkung nach außen: Mit einem Hobby ist man in der Regel nie allein. In einem Lebensabschnitt, in dem die Zahl der Kontakte zu anderen Menschen abnimmt und vielen das Alleinsein als Gespenst der Vereinsamung droht, ist die Möglichkeit, sich einer Gruppe von Menschen mit gleichen Interessen anzuschließen, von großer Bedeutung für das seelische und körperliche Wohlbefinden. Wer immer nur auf sich selbst angewiesen ist, läuft Gefahr zu verbittern, sich in seine eigenen vier Wände "einzuigeln" und durch Mangel an Bewegung seiner Gesundheit zu schaden.

Den entscheidenden Vorteilen, die ein Hobby mit sich bringt, stehen aber bei manchen älteren Bürgern Bedenken gegenüber, die mit den Grundsätzen ihrer Erziehung zu tun haben. Früher erwartete man vom Erwachsenen — und erst recht vom älteren Menschen — unwandelbare Grundsätze, Ernst und Würde in seiner Lebensführung und beschränkte Spiel und alles spielerische Tun auf die frühe Kindheit. Wer davon abwich, mußte seine Charakterfestigkeit oft genug in Frage gestellt sehen. Zwar kannten schon die alten Griechen die Bedeutung freier, nicht unbedingt zweckgebundener Betätigung für die seelische Gesundheit. Wettspiele standen bei ihnen in hohem Ansehen, und nicht umsonst sind sie die "Erfinder" der Olympischen Spiele. Diese Bedeutung des Spiels — und damit auch des Hobbys — wurde erst vor wenigen Jahrzehnten wiederentdeckt.

Es gibt keinen Menschen, der nicht verborgene schöpferische Talente besitzt, die nur darauf warten, geweckt zu werden. Vielleicht gibt es einen längst vergessenen Jugendtraum, für den das Leben Ihnen keinen Raum ließ und den Sie jetzt wiederaufnehmen und verwirklichen könnten. Nur eines: Halten Sie keines der hier aufgeführten Steckenpferde für "kindisch" — halten Sie es lieber mit dem alten Goethe:

"Ei, bin ich denn darum achtzig Jahre alt geworden, daß ich immer dasselbe denken soll? — Ich strebe vielmehr, täglich anderes, Neues zu denken, um nicht langweilig zu werden. Man muß sich immerfort verändern, erneuern, verjüngen, um nicht zu verstocken."

Tips für den Anfang

Vielleicht haben Sie bis jetzt noch nie ernstlich an ein Hobby gedacht — oder es ist Ihnen noch nicht das für Sie Richtige begegnet, etwas, zu dem Sie rundum "ja" hätten sagen können. Als "Anfänger" sollten Sie sich deshalb zunächst einen Überblick verschaffen, *was* es alles auf diesem Gebiet gibt — und *wo* man entsprechende Angebote und Hilfen findet. Eine andere Frage ist, ob man mit einer Tätigkeit beginnen sollte, mit der man schon etwas vertraut ist, oder ob man sich etwas ganz Neuem zuwendet. Frauen neigen häufig zuerst zu Handarbeiten, weil sie oft von Jugend auf mit Häkeln, Stricken, Sticken und Nähen beschäftigt sind. Gewiß, Erfahrung bewahrt vor Mißerfolgen, aber der Mut zum Wagnis (es ist ja nicht groß!) bringt neue Erlebnisse und führt weiter. Damit ist nichts gegen Handarbeiten gesagt, denn hier genau wie in anderen Bereichen des Werkens und

Bastelns wird oft Erstaunliches geleistet. Außerdem dürfen diejenigen Hobbygruppen nicht unerwähnt bleiben, die mit Handarbeiten jährlich Basare beschicken und den Erlös einem karitativen Zweck zur Verfügung stellen: Dabei werden manchmal vier- und mehrstellige Beträge erreicht.

Es gibt eine ganze Reihe von Einrichtungen, die Kurse, Programme und andere Hilfen anbieten, ein Hobby zu erlernen oder in einer Gruppe seinem Hobby nachzugehen. Die wichtigsten werden hier aufgeführt:

Volkshochschulen — Einzelheiten stehen im Vorlesungsverzeichnis, das man im Büro (Telefonbuch!) kostenlos erhält oder sich zusenden lassen kann. Von Jahr zu Jahr werden dort mehr Kurse und Veranstaltungen für Ältere angeboten. Sie sind nicht an den Abend gebunden, finden sogar auch vormittags statt. Da die geistige Aufnahmefähigkeit gerade im Alter vormittags bei weitem größer als am Nachmittag oder Abend ist, bringen Vormittagskurse auch mehr Erfolg für die Teilnehmer.

Vereinigungen älterer Bürger bzw. selbständige Seniorenvereinigungen — in der Bundesrepublik weit verbreitet, z. B. die *Lebensabendbewegung e. V.* mit der Bundesgeschäftsführung in 3500 Kassel-Wilhelmshöhe, Burgfeldstraße 17. Sie ist schon vor fast zwei Jahrzehnten mit dem Wettbewerb "Betagte schaffen Schönes" hervorgetreten.

Betont christliche Vereinigungen auf Bundesebene sind die Alten- und Rentnergemeinschaften der *Katholischen Arbeitnehmerbewegung* (Zentrale in 5000 Köln, Bernhard-Letterhaus-Straße 26) und *Männerarbeit der Evangelischen Kirche in Deutschland* (Zentrale in 6050 Offenbach am Main, Kantstraße 9).

Wenn Sie erfahren möchten, ob und wo es in Ihrer Nähe eine solche Gruppe gibt, fragen Sie am besten bei den hier genannten Zentralen an. Über die christlichen Verbände können gegebenenfalls auch die Pfarrämter Auskunft geben.

Neben diesen in vielen Gegenden der Bundesrepublik vertretenen Vereinigungen gibt es unabhängig von ihnen örtliche Seniorenvereine mit unterschiedlichen Freizeitprogrammen.

Insgesamt kann man davon ausgehen, daß Vereinigungen älterer Bürger neben Hobby-Angeboten auch die Möglichkeit bieten, sich im sozialen Bereich für andere Menschen einzusetzen. Mehr darüber finden Sie im zweiten Abschnitt dieses Buches.

Altenbegegnungsstätten und Altenclubs, für die entweder die jeweilige Stadt- bzw. Kreisverwaltung oder ein Verband der freien Wohlfahrtspflege verantwortlich ist. Über vorhandene Einrichtungen dieser Art kann im allgemeinen das zuständige Sozialamt, Abteilung Alten- bzw. Familienhilfe, Auskunft geben. Auch die örtlich vorhandenen Dienststellen der Wohlfahrtsverbände können Hinweise geben. Man braucht nur im Telefonbuch nachzuschlagen, ob die folgenden Verbände am Ort mit einer Geschäftsstelle vertreten sind:

Arbeiterwohlfahrt e. V.
Caritasverband (auch katholische Pfarrämter)
Diakonisches Werk (auch evangelische Pfarrämter)
Deutsches Rotes Kreuz
Deutscher Paritätischer Wohlfahrtsverband (mit zum Teil anders firmierenden Mitgliedsorganisationen, so z. B. dem Arbeitersamariterbund).
Einige Adressen finden Sie im *Anhang.*

Nach den gesetzlichen Bestimmungen erhalten die Einrichtungen dieser Verbände, die älteren Bürgern zugute kommen, häufig Unterstützung und Zuwendungen der zuständigen Stadt- bzw. Kreisverwaltung über das Sozialamt. Aus diesem Grund ist das *Sozialamt* meist auch umfassend über die Angebote der genannten Verbände orientiert.

Angebote von Berufsvereinigungen, Gewerkschaften usw. Die Bundespost zum Beispiel sorgt über sogenannte Betreuungspostämter für ihre Pensionäre mit einem bunten Angebot für die freie Zeit. Die Senioren der Gewerkschaft Druck und Papier haben sich in einigen Städten zur "alten Barden-Runde" zusammengeschlossen. Der Bund der Ruhestandsbeamten tritt nicht nur für die Belange seiner Mitglieder ein, sondern bietet auf Ortsebene ebenfalls Kontakte untereinander und Möglichkeiten für gemeinsame Unternehmungen. Ähnliche Beispiele ließen sich sicher noch weiter anführen.

Schließlich die "normalen" Vereine — auch sie gehören hierher. Um nur einige zu nennen: Gesangvereine, Sportvereine, Wandervereine, Kegelclubs, Schachclubs, Briefmarkensammler- bzw. Philatelistenclubs und andere. Man muß nicht unbedingt Mitglied von Jugend an sein, auch in späteren Jahren ist man dort im allgemeinen willkommen, denn jedes neue Mitglied verstärkt auch das Ansehen und die Möglichkeiten eines Vereins.

Das gleiche Hobby verbindet dort Menschen unterschiedlicher Generationen. Gerade Ältere verlieren auf diese Weise nicht so leicht die Verbindung mit Jüngeren, und das wechselseitige Verständnis füreinander ist in Vereinen oft besonders gut.

Bevor Sie Anschluß finden:
Sich umhören, schreiben, telefonieren — wo und wie?

In unserer durch eine Vielfalt von "Zuständigkeiten" komplizierten Gesellschaft ist es oft gar nicht so einfach, etwas Bestimmtes in Erfahrung zu bringen. Geben Sie bitte deshalb nicht gleich Ihr Vorhaben auf, wenn Sie zunächst damit nicht weiterkommen. Stellen Sie sich vor, Sie stehen am Beginn einer kleinen Forschungsreise ins noch Unbekannte, und wie jeder Forscher müssen Sie auf Entdeckungen ausgehen — diese kommen nicht von selbst auf Sie zu. Dabei benötigen Sie als erstes einen Plan — dazu gehört vor allem, daß Sie die Fragen, auf die es Ihnen ankommt, einmal schriftlich festhalten. Ein solcher Leitfaden hat den Vorteil, daß Sie im Gespräch, beim Telefonieren oder bei einer schriftlichen Anfrage nie einen der Punkte, die Sie interessieren, vergessen. Gleichzeitig fühlen Sie sich bei weitem sicherer, weil Sie wissen, was Sie wollen. Für viele Menschen gehört erst einmal ja eine gewisse Überwindung dazu, sich unaufgefordert mit allen möglichen Stellen in Verbindung zu setzen. Die meisten entdecken aber schnell, daß es auch Spaß macht und das Selbstbewußtsein stärkt, wie ein Pfadfinder auf neuen Wegen Informationen zu sammeln. In welche Richtung diese Wege führen sollen, darüber gibt Ihnen unser Testspiel "Freizeit-Wegweiser" schon einen ersten wichtigen Hinweis. Danach kann es losgehen:

Im Gespräch können Sie von Bekannten, auch vom Kaufmann oder von Ihrem Friseur vielleicht schon wichtige Hinweise erhalten. Vergessen sollten Sie auch nicht, mit Freunden über ein möglicherweise gemeinsames Vorgehen zu sprechen. Auch im Veranstaltungskalender der Tageszeitung erscheinen wichtige Hinweise, und überhaupt lohnt es sich, den Lokalteil besonders aufmerksam zu lesen. Erscheint dort ein Bericht über eine Vereinigung, die Sie interessiert, so hilft Ihnen die Zeitungsredaktion gern mit der Anschrift der betreffenden Stelle weiter.

Das Telefonbuch kann ebenfalls eine große Hilfe sein, wenn es darum geht, eine Information über Freizeitmöglichkeiten zu erhalten. In Großstädten und Mittelstädten gibt es häufig ein sogenanntes "Bürgertelefon", wo man anrufen kann und praktisch über alle Bereiche des kulturellen Lebens Auskunft erhält. Die Rufnummer ist unter "Stadtverwaltung" meist als erste angegeben. Will man Auskunft von einem Pfarramt haben, so muß man jedoch unter der Rubrik "Kirchen" nachschlagen. Manchmal sind die Dienststellen des Diakonischen Werkes und des Caritasverbandes (auch "Deutscher Caritasverband"), die an sich zu den Wohlfahrtsverbänden gehören, auch unter "Kirchen" eingetragen. Unter Umständen muß man daher auch mit dem Telefonbuch wie ein Detektiv umgehen. Wenn selbst die Telefon-Auskunft nicht weiterhelfen kann, bleibt immer noch ein Anruf bei der Lokalredaktion der Tageszeitung als weiterer — und meist erfolgreicher — Versuch.

Ratgeber-Broschüren von Stadt oder Landkreis speziell für ältere Bürger sind weit verbreitet vorhanden. Sie enthalten alle wichtigen Anschriften im Bereich der Freizeitangebote. Andere Gemeinden geben regelmäßig kostenlose Zeitschriften mit entsprechenden Informationen für die Älteren heraus. Dazu kommen oft noch Programmhinweise für allgemeine kulturelle Veranstaltungen am Ort, die für alle Bürger, ob alt oder jung, gedacht sind. Über alle diese Schriften weiß die Pressestelle der betreffenden Stadt- oder Kreisverwaltung Bescheid. Telefonnummer und Dienststelle sind unter diesen Rubriken zu finden. In Rathäusern und vergleichbaren Dienstgebäuden kann man diese Schriften an einem Informationskiosk zuweilen auch abholen.

Ein Brief ist dann unerläßlich, wenn Sie Information von einer Stelle haben möchten, die nicht in Ihrer unmittelbaren Nähe vorhanden ist. Über wichtige zentrale Anschriften informiert Sie das Verzeichnis im *Anhang*. Was aber, wenn Sie auf eine Vereinigung stoßen, von der zwar Name und Ort bekannt sind, aber die Straße und Hausnummer fehlt? Hier gilt folgendes:

Handelt es sich um eine bedeutende höhere Dienststelle eines Verbandes oder um eine Bundesbehörde, so kommt Ihr Schreiben im allgemeinen auch dann ungehindert an, wenn Sie anstelle der Straße einfach "Postfach" angeben. Sollte ein solcher Brief wirklich unzustellbar sein, so kommt er automatisch zu Ihnen zurück — allerdings dürfen Sie Ihren Absender nicht vergessen. Bitte schreiben Sie Namen und Ihre Anschrift in Druckbuchstaben nicht nur auf den Umschlag, sondern auch auf den Briefbogen! In Dienststellen wird die Post in einer Zentrale geöffnet und geht dann — ohne die Umschläge — an die einzelnen Ressorts zur Bearbeitung. Aus eigener Erfahrung weiß ich, daß Anliegen und Anfragen auf diese Weise oft nicht beantwortet werden können, weil der zugehörige Briefumschlag nicht mehr aufzufinden ist.

Benötigen Sie jedoch die Anschrift einer Vereinigung, von der Sie nur ungefähre Angaben besitzen, so kann in vielen Fällen die Telefonauskunft weiterhelfen, indem sie zwar ungern die Anschrift, wohl aber die Rufnummer vermittelt, über die man dann die Anschrift erfragen kann. Darüber hinaus ist das *Kuratorium Deutsche Altershilfe — Wilhelmine-Lübke-Stiftung e. V.* in 5000 Köln, An der Pauluskirche 3, gern bereit, Ihnen im Rahmen seiner Kenntnisse gesuchte Anschriften mitzuteilen.

Für jeden etwas — und jedem das Seine!

Das Gesamtgebiet der "Steckenpferde" ist so vielfältig, daß eine Unterteilung in bestimmte Gebiete von Nutzen ist. Es steht aber nirgendwo geschrieben, daß ein Mensch sich immer nur auf ein einziges Hobby beschränken muß oder sollte. Zwei auch nebeneinander zu betreiben oder von einem zum anderen überzuwechseln ist nicht nur erlaubt, sondern kann durchaus wünschenswert sein. Vielleicht entsinnen Sie sich, daß es in Ihrer Kindheit und Jugend immer wieder hieß: "Fang nicht soviel nebeneinander an — wichtig ist, daß du statt dessen *eine* Sache richtig machst und dich nicht so verzettelst!" Die Altersforscher sind da heute ganz anderer Meinung — denn wer in seiner Jugend viele Freizeitbetätigungen ausgeübt hat, bringt die Voraussetzungen auch dafür mit, die freie Zeit im Alter vielfältig zu nutzen. Wenn heute der Jugend Vielseitigkeit empfohlen wird, kann das auch für die Älteren Geltung haben, zum Beispiel dann, wenn man sich noch nicht sicher ist, welches Hobby einem besonders liegt und wohin überhaupt die speziellen Interessen oder auch Begabungen zielen. Außerdem werden Sie bei dem folgenden Überblick über die Hobby-Bereiche schnell feststellen, daß man ohne weiteres vieles miteinander verbinden kann.

Zunächst wird hier von Betätigungen ausgegangen, die im allgemeinen gemeinsam mit anderen — also in einer Gruppe — ausgeübt werden können. Für die meisten Menschen sind Lernerfolge und Fortschritte in einer Gruppe leichter zu erreichen. Die Gruppe ist auch eine gute Hilfe gegen die Bequemlichkeit, sie fordert auf, möglichst regelmäßig an den Zusammenkünften teilzunehmen und "am Ball" zu bleiben, während bei einem Hobby, das man allein betreibt, sowohl der gelinde Zwang wie auch die Anregungen durch andere fehlen. Außerdem bietet die Gruppe etwas, das für den älteren Menschen ungemein von Bedeutung ist — einen Zuwachs von Bekannten, von denen der oder die eine oder andere vielleicht sogar zu guten Freunden werden können. In einem Lebensabschnitt, in dem natürlicherweise die sogenannten Sozialkontakte abnehmen, bietet die Gruppe einen Ausgleich, sie beugt der Vereinsamung wirksam vor.

Allerdings muß man hier sich wieder vor Augen führen, daß es *den* alten Menschen gar nicht gibt, sondern daß gerade mit zunehmenden Jahren jeder Mensch sehr stark seine Eigenheiten — positive wie auch negative — entwickelt. Die stärkere individuelle Ausprägung bringt es mit sich, daß wir alle auch im Umgang mit Menschen anspruchsvoller werden. Es fällt schwer, Freundschaften so unbefangen und arglos wie in der Jugend einzugehen, und entsprechend kann es geschehen, daß Sie nicht auf Anhieb die Hobby-Gruppe finden, in der Sie sich wohl fühlen. Dann sollten Sie aus einer solchen Erfahrung nicht gleich eine endgültige Enttäuschung ableiten, sondern sich weiter umsehen. Suchen ist erlaubt — ja sogar zu empfehlen, denn plötzlich gibt es doch eine Gruppe, die einem zusagt.

Hier ist die Palette Ihrer Möglichkeiten:
— Handarbeiten, Werken, Basteln
— Malen und Modellieren
— Sammeln
— Singen und Musizieren
— Spielen
— Fotografieren, Filmen, Funken
— Sport und Bewegung
— Urlaub und Reisen
— Seminare in Heimvolkshochschulen und Akademien
— Sprach- und andere Weiterbildungskurse
— Senioren-Akademien

Zu jedem Themenbereich finden Sie ein ausführliches Kapitel mit Tips und Hinweisen, die Ihnen den Einstieg in die jeweilige Freizeittätigkeit erleichtern. Dazu kommen zahlreiche Beispiele, die zeigen, was an anderen Orten an Initiativen entstanden ist, und die Sie zum eigenen Tun anregen sollen. Sie müssen dabei nicht pedantisch Seite für Seite vornehmen, sondern können nach den Seitenangaben im Inhaltsverzeichnis zunächst einmal die Themen nachschlagen, die Sie spontan ganz besonders ansprechen. Dabei hilft Ihnen das beigefügte Testspiel "Freizeit-Wegweiser".

1. Handarbeiten, Werken, Basteln

Dieser Bereich der Freizeitbeschäftigungen hat sich in den letzten Jahrzehnten lawinenartig erweitert. Er schließt längst nicht mehr nur die Herstellung von Gebrauchsartikeln oder überhaupt "nützlichen Dingen" ein; zunehmend werden neue Techniken bekannt, die darauf hinzielen, entweder etwas besonders Originelles oder dem Zeitgeschmack entsprechend "Schönes" herzustellen — im strengen Sinne also eigentlich "Überflüssiges". Wobei doch der Standard einer jeden Kulturepoche gerade vom über das notwendige Maß der Gerätschaften hinausgehenden Vorhandensein mehr oder weniger schöner Dinge maßgeblich mitgeprägt wird.

Entsprechend groß ist auch die Anzahl der Hobby-Bücher und -Broschüren, die hierzu genaue Anleitungen bringen. Die gängigsten sind in Hobby-Läden und meist auch in Buchhandlungen vorrätig. Von den meisten Hobby-Verlagen gibt es außerdem Prospekte, in denen alle lieferbaren Schriften aufgeführt sind. Ein Anschriftenverzeichnis derartiger Verlage kann übrigens vom *Kuratorium Deutsche Altershilfe — Wilhelmine-Lübke-Stiftung e. V.* — in Köln angefordert werden. Hier nun ein Überblick über dieses Hobby-Gebiet in Stichworten, jeweils mit Beispielen:

Stricken und Häkeln: Pullover, Kinderkleider, Damenkleider und Mäntel, Plaids, Stolen, Schals, Mützen, Socken, Bettjäckchen, Kissen, Tischdecken, Taschen, Topflappen, Puppen und Spieltiere (zum Ausfüllen mit Schaumstoff-Flocken).

Nähen: Kinderkleider, Puppenkleider, eigene Garderobe, Cocktailschürzen, Decken aus Stoffresten, Tischdecken, Kissen und Gardinen z. B. für Begegnungsstätten.

Sticken und Knüpfen: Decken, Sets, Wandbilder, Brücken, Teppiche (auch nach eigenen Entwürfen).

Flechten (z. B. mit Peddigrohr): Körbchen, Schalen, Untersetzer, Übertöpfe für Blumen. Aus Bindfaden und Spagat Wandschmuck in Makramé-Technik.

Vermischte Hobby-Techniken: Leder und Lederreste (die nicht viel kosten) zu Gürteln, Taschen, Westen und (Kinder-)Röcken verarbeiten. Kasperlepuppen von Grund auf herstellen (Kopf formen, anmalen, Kleider nähen). Aus Wolle, Filz und Stoffresten Tiere und Puppen herstellen. Wandbehänge, auch als Gemeinschaftsarbeit, nach eigenen Entwürfen in beliebigen Techniken.

Leicht auszuübende kunstgewerbliche Hobbys: Tischschmuck für Feiertage und private Feste (Anleitungen häufig in Sonntagsbeilagen und Wochenzeitschriften). Bemalen von leeren Dosen und Flaschen. Waschmitteltonnen bekleben und als Papierkorb herrichten. Aus selbstgesammelten Steinen Steinmännchen kleben und bemalen. Aus selbstgesammelten und getrockneten Blättern und Blüten Bilder kleben oder Postkarten und Briefpapier bekleben. Schmuck aus Glasperlen, Silberdraht und anderem Material. Glas ritzen mit einem Glasritz-Set. Batik und Stoffmalerei.

Email-Arbeiten: Dosen, Schalen, Ohrringe, Ringe, Anhänger, Armbänder, Manschettenknöpfe, Anstecknadeln.

Metallarbeiten: Wandschmuck, Blumenkästen, Kerzenleuchter u. ä.

Holzverarbeitung: Kinderspielsachen wie Möbel für Puppenstuben, Eisenbahnen, Schiebkarren usw., Blumenbänke, Schalen aus Holz, Untersetzer.

Wie diese Aufzählung schon zeigt, läßt sich sehr vieles aus Material herstellen, das — wie Reste — wenig oder gar nichts kostet. Die Beteiligung an solchen Hobbygruppen muß daher nicht am Geldbeutel scheitern. Sind Materialkosten aber unvermeidlich, so lassen sie sich, wie Beispiele vielfach zeigen, durch den Verkauf fertiger Arbeiten im Rahmen von Basaren oft wieder hereinholen. Bleibt ein Reingewinn übrig, so kann er zum Einkauf von zusätzlichem Material oder aber als Spende für einen karitativen Zweck verwendet werden.

Am einfachsten haben Sie es, wenn Sie sich zur Teilnahme an einem Kurs entschließen oder in einer Seniorenbegegnungsstätte in einer Hobby-Gruppe Ihrer Wahl mitmachen. In beiden Fällen sagt man Ihnen, was Sie an Material selbst mitbringen müssen — oder es wird Ihnen sogar gestellt. Sie laufen dann nicht Gefahr, komplizierte Bastelpackungen zu kaufen, mit denen Sie dann wenig oder gar nichts anfangen können. Jede neue Hobbytechnik schließt zunächst immer einen Lernvorgang ein, der in Gemeinschaft mit anderen Anfängern und unter Leitung einer Fachkraft nun einmal schneller und befriedigender verläuft. Wer jedoch für sich alleine mit einem Hobby beginnt, sollte sich immer vor Augen halten, daß noch kein Meister vom Himmel gefallen ist, wohl aber die Übung zum Meister machen kann. Am Beginn sollten immer ganz einfache Dinge stehen, schon damit man mit ungewohnten Techniken erst einmal genügend vertraut wird. Das betrifft auch die Auswahl von Bastelbüchern. Bevor Sie sich zum Kauf entschließen, sollten Sie erst einmal darin blättern und sich überzeugen, ob der Inhalt auch für Anfänger — und nicht etwa für Spezialisten — gedacht ist.

Einige Beispiele aus der Praxis:

Die Hobbygruppen der älteren Bürger von *Ludwigshafen am Rhein* veranstalten jedes Jahr einen Weihnachtsbasar mit ihren Arbeiten, der seither jeweils von 20 000 und mehr Interessenten besucht wurde. Vom Gesamterlös werden die Honorare der Fachkräfte, die die Anleitungen geben, und die Kosten für neues Material bestritten. Der Reinerlös von meist über 10 000,– DM wird für soziale Zwecke gespendet, er ging z. B. an Einrichtungen für Blinde, Hörgeschädigte und für psychisch Kranke.

Ältere Damen aus einer Gemeinde im Bistum *Münster* sammelten Kleider für ein Katastrophenlager des Diözesan-Caritas-Verbandes. Die Gruppe konnte aus dem Verkaufserlös von eigenen Werk- und Handarbeiten bereits eine fünfstellige Summe für Leprastationen in Indien zur Verfügung stellen.

Altenheimbewohnerinnen in *Bochum* und *Wattenscheid* unterstützten eine Verkehrssicherheitsaktion "Wer helle Kleidung trägt, wird in der Dunkelheit besser gesehen". Aus weißer Wolle, die ihnen der Polizeipräsident zur Verfügung stellte, strickten sie Mützen und Schals nicht nur für sich, sondern auch für Enkelkinder, Schülerlotsen und Waisenkinder. Die schönsten Strickarbeiten wurden ausgestellt und prämiert.

In *Augsburg* gibt es ein städtisches Kreativzentrum mit einem breiten Angebot für ältere Bürger. Unter anderem steht ihnen dort eine gut eingerichtete Werkstatt zur Verfügung, die vor allem von älteren Herren genutzt wird.

Der Altentreffpunkt *Ulm* e. V. verfügt neben zahlreichen Hobby-Kreisen ebenfalls über eine Werkstatt, in der die Älteren einen Großteil der Inneneinrichtung des Altentreffs, wie z. B. Schränke, Tische usw., selbst hergestellt haben.

Die Stadt *Frankfurt* richtete eine Seniorenwerkstatt ein, die für verschiedene Techniken zur Verfügung steht, gleichzeitig aber auch dem Erfahrungs- und Informationsaustausch zwischen den Besuchern dienen soll.

In *Kassel* wurde eine Altenwerkstatt von der Arbeiterwohlfahrt errichtet. Über 55jährige Kasseler Bürger können dort stundenweise mit oder ohne fachliche Anleitung tätig sein. Zur Verfügung stehen Maschinen und Werkzeuge eines normalen Handwerksbetriebs. Die Älteren haben die Chance, Organisation und Verwaltung des Begegnungszentrums weitgehend selbst zu übernehmen.

2. Malen und Modellieren

Malen kann jeder

Auf den ersten Blick mag Ihnen das vielleicht wie eine kühne Behauptung vorkommen, aber es stimmt: Malen kann jeder. Dabei kommt es nicht darauf an, was Sie früher in Ihrer Schulzeit im Zeichenunterricht für eine Note hatten. Damals mußte man "schön" zeichnen und malen und Gegenstände oder Landschaften möglichst naturgetreu abbilden können. Heute denkt man darüber ganz anders — die modernen Maler zeigen viel mehr ihr eigenes Bild der Wirklichkeit eines Gegenstandes. So gelingt es zum Beispiel, von einem Blumenstrauß oder einem Stilleben, aber auch von einem Menschen oder einer Landschaft ganz unterschiedliche Wiedergaben zu erhalten, die doch alle der Wirklichkeit nahekommen und die gleichzeitig etwas vom unverwechselbaren Eigenwesen des Malers spiegeln. Darin liegt ein viel größerer Reiz, als wenn man darauf aus ist, sklavisch genau nur die Sache, die man vor sich hat, abzubilden. Was im übrigen jeder Fotoapparat leichter und besser zustande bringt.

Natürlich gehört Übung zum erfolgreichen Malen, denn Übung schafft Erfahrung und entwickelt das eigene Können. Wenn man noch keinerlei Erfahrung auf diesem Gebiet besitzt, sollte man daher mit einem Anfängerkurs beginnen. Das Angebot auf diesem Gebiet ist groß, vor allem von Volkshochschulen, aber auch in Altenclubs und Begegnungsstätten. Hinzu kommen in den letzten Jahren vermehrt Ferienkurse im Rahmen des Fremdenverkehrs, über die man in den Reisebeilagen von Tageszeitungen meist Näheres erfahren kann. Diese mit einem Ferienaufenthalt verbundenen Kurse haben den Vorteil, daß auch junge Menschen an ihnen teilnehmen und die Älteren nicht unter sich bleiben müssen. Davon profitiert nicht nur die allgemeine Stimmung und Geselligkeit, man erfährt selbst ganz zwanglos auch mehr über die Anliegen, Ansichten und Sorgen der Jüngeren, und oft entstehen neue Freundschaften zwischen den Generationen.

Für die Qualität eines Kurses gibt die Größe der zugelassenen Teilnehmerzahl einen guten Hinweis. Eine Begrenzung auf zwölf Teilnehmer etwa ist ideal, dreißig und mehr dagegen lassen befürchten, daß der Lehrer überfordert ist und den einzelnen kaum hinreichend fördern kann. Wer sich aber mehr oder weniger selbst überlassen bleibt, verliert schnell den Eifer am Vorankommen und damit die Freude am Malen — und das wäre schade.

In einem ausgesprochenen Anfängerkurs fängt man mit dem Zeichnen einfacher Figuren und Strichmännchen an. Das kann nun wirklich jeder.

Wie außerordentlich weit man es schließlich bringen kann, hat ein Experiment bewiesen, das vor Jahren von der Sendung MOSAIK — Magazin für die ältere Generation — des Zweiten Deutschen Fernsehens angeregt wurde. In *Wiesbaden* hatten sich einige ältere Damen bereit erklärt, bei einer bekannten Malerin Anfängerunterricht zu nehmen und sich dabei filmen zu lassen. In mehreren Sendungen hintereinander zeigte MOSAIK, wie die Lehrerin dabei vorging. Auch Zuschauer wurden zum Mitmachen aufgefordert. Als nun dieser "Fernseh-Kurs" zu Ende ging, hatten die Teilnehmerinnen so viel Freude am Malen gefunden, daß sie beschlossen, weiterzumachen. Jahre später zeigte nun wiederum das ZDF in der Sendung MOSAIK, was inzwischen aus den Anfängerinnen von damals geworden war: Sie hatten es zu nahezu perfektem Können gebracht, wobei jede von ihnen ihren eigenen, unverwechselbaren Stil entwickeln konnte. Ob Blumen, Landschaften, Menschen oder Dinge — jede hatte auch ihre besonderen Vorlieben entdeckt. Wer diese letzte Fernsehsendung gesehen hat, konnte kaum glauben, daß es sich hier einmal um "unbegabte" Anfängerinnen gehandelt hatte.

Grandma Moses in den USA ist kein Einzelfall

Auch ohne Unterricht kann ein Talent nach vorne drängen. Grandma Moses, die Farmersfrau aus den USA, die erst mit ungefähr 70 zu malen begann und mit 80 entdeckt wurde, ist ein Beispiel dafür. Ihre Bilder mit den farbenfrohen Szenen aus dem Landleben zu allen Jahreszeiten hängen heute in den großen Museen. Ihre Geschichte ist rund um die Erde bekannt geworden, ein Einzelfall ist sie aber nicht. Eine deutsche "Schwester" von ihr lernte ich eines Tages in einem Altenheim in Hanau durch Zufall kennen.

In diesem Heim war ich mit einer Gruppe anderer Besucher zu einer Besichtigung verabredet. Da ich etwas zu früh eintraf, wartete ich im Foyer und sah mir dabei die an den Wänden hängenden Bilder an. Darunter waren außerordentlich reizvolle Landschaftsaquarelle — nicht sehr große Bilder, in denen man mit den Augen richtig spazierengehen konnte. Vom Heimleiter erfuhr ich, daß eine Bewohnerin sie gemalt hatte — und wie es dazu gekommen war. Frau Teuber, 82 Jahre alt, saß eines Tages auf dem Balkon ihres Zimmers und begann, auf der Rückseite eines Briefumschlags mit einem Bleistift eine Tanne aus dem Garten des Heims zu skizzieren. Sie hatte zuvor nie gemalt oder gezeichnet, vielleicht war es einfach das

Bedürfnis, nicht untätig dazusitzen. Eine Pflegeschwester sah die kleine Zeichnung und ermutigte Frau Teuber zu mehr. Zu Weihnachten war unter den Geschenken für sie ein richtiger Malkasten, und nun entstanden die ersten Landschaftsbilder, die sie alle in Erinnerung an ihre verlorene Heimat — sie gehörte zu den in den Nachkriegswirren Vertriebenen — aus dem Gedächtnis malte. Als ich später mit der Besuchergruppe durch den Garten ging, stellte uns der Heimleiter Frau Teuber vor. Ich fragte sie, ob man wohl eines ihrer Aquarelle von ihr erwerben könne, doch sie lehnte lächelnd ab: "Wissen Sie, so lange ich lebe, mag ich mich nicht von meinen Bildern trennen — sie sind alle so ein bißchen wie meine Kinder!" Diese Begegnung liegt viele Jahre zurück, und inzwischen ist, wie ich erfahren konnte, Frau Teuber verstorben. Mit Sicherheit haben die Erfahrungen, die Selbstbestätigung und damit die Freude am Malen ihren späten Lebensjahren einen Inhalt gegeben, den wir uns alle nur wünschen können.

Nach Vorlagen malen — oder eigenes Gestalten?

Für Öl- oder Acrylmalerei, Bauernmalerei und Hinterglasmalerei bieten die Hobbyläden Vorlagen an, die man — meist noch nach bestimmten Farbangaben — nur auszumalen braucht. Malkurse, die nicht von ausgesprochenen Fachleuten geleitet werden, verwenden häufig derartige Vorlagen. Sie ermöglichen eine gute Übung im Umgang mit Farben und Material, und man kann dabei kaum etwas falsch machen. Sollte man aber dabei stehenbleiben? Man muß sich darüber klarwerden, daß eigene, wirklich selbstgeschaffene Malereien auf diese Weise nicht zustande kommen. Wer im Umgang mit Pinsel und Farben etwas Erfahrung gewonnen hat, sollte sich auch einmal an eigene Entwürfe wagen — die Freude an jedem, auch dem kleinsten Fortschritt ist hier um so größer. Auf dem Weg vom vorgezeichneten Bild bis zum eigenen ist es außerdem eine gute Übung, einmal ein nicht zu schwieriges Gemälde eines berühmten Malers — vielleicht aus dem Impressionismus — zu kopieren. Man kann dazu Farbabbildungen in Kunstbüchern oder auch Postkarten benutzen und das Ganze dann vergrößert umsetzen. Dabei kommt es nicht darauf an, daß die Maßverhältnisse auf den Millimeter genau stimmen, sondern daß der Gesamteindruck etwas vom Original wiedergibt. Eine andere Möglichkeit ist, nach eigenen Farbfotos zu arbeiten.

Malen und Zeichnen kann man nach den verschiedensten Techniken.

Ich selbst z. B. habe, mehr durch Zufall, mit Ölmalerei angefangen. Ich war überrascht, weil es viel einfacher war, als ich erwartet hatte: Wenn man mit einer Farbe oder einem Pinselstrich nicht zufrieden ist, übermalt man ihn einfach. Eines Tages wagte ich mich daran, einen "Sonnenaufgang" des Malers Max Pechstein nach einer Abbildung in einem Kunstband richtig auf Leinwand zu "vergrößern". Mit einem Bandmaß und ein bißchen Dreisatzrechnen lassen sich wichtige Anhaltspunkte von einem Bildformat auf das andere übertragen — man braucht nicht unbedingt besondere Geräte wie z. B. einen sogenannten "Storchenschnabel" dazu —, und die eigene Handschrift des Kopisten soll auch ruhig zu erkennen sein. Als meine Kopie fertig war, lernte ich eines Tages in einem Saarbrücker Museum auch das Original kennen. Ich stand lange davor und habe noch einmal jeden Pinselstrich nachempfunden.

Insgesamt weiß ich heute, wie wichtig eine gute Anleitung ist — am besten in von Fachkräften geleiteten Kursen mit nicht mehr als zehn bis zwölf Teilnehmern. Man findet sie vor allem in Volkshochschulen und als Angebote von Ferienakademien (z. B. *Südtiroler Ferienakademie*). Die zuweilen in Anzeigen werbenden "Fernmalakademien" dürften dagegen nicht jedermanns Sache sein. Die auf schriftliche Anleitung gefertigten Arbeiten müssen zur Begutachtung eingeschickt werden, es fehlt der direkte Kontakt mit der Lehrkraft wie auch mit anderen Teilnehmern, und damit fehlt eine wesentliche Motivation. Auch die Höhe der Kosten für einen solchen Fernunterricht sollte gut bedacht werden.

Vom Umgang mit Ton
Töpfern und Modellieren mit Ton setzt, wenn etwas Bleibendes entstehen soll, die entsprechenden technischen Einrichtungen mit einem Brennofen voraus. Schon aus diesem Grund werden solche Kurse in der Regel nur von Fachkräften geleitet, die bei den Teilnehmern großen Erfolg damit haben, das eigene Gestalten zu fördern und zu entwickeln. Der Reichtum an Formen und Plastiken, der dabei von Menschen jeden Lebensalters — und gerade auch von Älteren — geschaffen wird, die einmal als völlige Laien auf diesem Gebiet begonnen haben, zeigt sich auf entsprechenden Ausstellungen und Basaren immer wieder überraschend. Wenn man runde Gefäße wie Vasen und Töpfe exakt formen will, kann man auf eine Töpferscheibe nicht verzichten. Für Reliefs, Tierplastiken, Figuren und Köpfe dagegen

arbeitet man mit aufeinandergesetzten kleineren Tonstückchen — man spricht deshalb dann auch von "Aufbaukeramik". Bevor man sich an ganz und gar Eigenes wagt, bilden Fotos von Plastiken eine gute Vorlage. Tonarbeiten trocknen im übrigen auch ohne Brennofen, doch erst der Brennvorgang macht sie widerstandsfähig, vor allem gegen Feuchtigkeit.

Im Handel (oft in Spielzeugläden) gibt es heute leicht formbares plastisches Material, das schon bei Backofenhitze endgültig fest wird. Viel zuwenig ist auch eine Masse bekannt, die man für wenig Geld selbst herstellen kann: Drei Tassen Mehl werden mit einer Tasse feinem Salz vermischt und mit einem guten Schuß Glyzerin (aus der Drogerie) und nach und nach zugegebenem Wasser zu einem glatten, formbaren Teig verknetet. Er eignet sich besonders zum Formen von kunstgewerblichen Gegenständen wie folkloristischem Wandschmuck, auch Christbaumschmuck. Wichtig ist, daß die daraus geformten Gegenstände möglichst flach und nicht zu kompakt ausfallen. Sie werden zunächst an der Luft und dann im Backofen bei ca. 100° C langsam getrocknet, bis sie völlig hart geworden sind. Danach bemalt man sie oder überzieht sie einfach mit einem Lack. Im übrigen: Malen, Zeichnen und Töpfern kann man auch nebeneinander betreiben. Es steht nirgendwo geschrieben, daß man sich auf eine Gestaltungsart beschränken müßte.

Beispiele aus der Praxis:

Der Verein Aktive Senioren e. V. in *Mönchengladbach* hat in seinem Freizeitangebot eine Sektion Malen — Graphik — Plastik, die eigene Ausstellungen durchführte. Sie benutzte dazu öffentlich zugängliche Einrichtungen wie das Städtische Jugendheim, wo z. B. 18 ältere Hobbymaler 120 Bilder zeigten.

In *Köln* gibt es seit einigen Jahren einen "Senioren-Maltreff", der von der Stiftung City-Treff der Kölner Stadtsparkasse gefördert wird. Der Leiter ist Professor für visuelle Kommunikation an der Katholischen Fachhochschule in Köln. Er veranstaltete bereits 1975 eine Ausstellung "Malen als neue Kraft im Alter", in der Bilder von Hobby-Malern aus dem In- und Ausland gezeigt wurden. Neben Gemälden von Hausfrauen und unbekannten Rentnern waren auch prominente Freizeitmaler wie der Schauspieler Carl Heinz Schroth und Bundesernährungsminister Josef Ertl vertreten. Die von dem Professor geleitete Gruppe "Senioren-Maltreff" nahm das 100jährige

Jubiläum der Fertigstellung des Kölner Doms zum Anlaß, den Dom als Thema ihrer Bilder zu wählen. 100 Bilder, die den Dom aus unterschiedlicher Sicht und in allen denkbaren Techniken gezeichnet und gemalt vorstellen, wurden zu einer Ausstellung zusammengetragen, die im Jubiläumsjahr 1980 durch die Kölner Stadtteile wanderte. Im gleichen Jahr wurde die Gruppe auf dem 8. Bundeskongreß der älteren Generation in *Essen* im Rahmen einer Ausstellung "Betagte schaffen Schönes" mit einem Preis ausgezeichnet.

"Malen für Senioren" — unter diesem Motto veranstaltete die Volkshochschule in *Moers/Niederrhein* bereits mehrfach Kurse, die von einem Kunsterzieher geleitet wurden, der selbst schon der älteren Generation angehört. Nach Kursabschluß fanden jeweils in der Stadtbücherei Ausstellungen der Arbeiten statt. Dazu der Kursleiter: "Jeder Maler — ob jung oder alt — macht eine Entwicklung durch. Die einzelnen Etappen soll man in den Bildern, die man produziert, wiederfinden."

In *Frankfurt* hatten die Teilnehmer an einem Malkurs für Ältere an der Volkshochschule die Aufgabe, vorgegebene Landschaftsfotos in Aquarelle umzusetzen. Eine Ausstellung zeigte eine Vielfalt von Variationen, bei denen jedes Bild gewissermaßen die "persönliche Handschrift" des einzelnen Malers trug.

900 *Münchner* Senioren fertigten während eines Modellprojektes "Kreatives Gestalten in Einrichtungen der offenen Altenhilfe" in 90 Kursen rund 9 000 Bilder an. 200 davon wurden zu einer Ausstellung "Kreativität im Alter" zusammengestellt, die in mehreren bayerischen Städten und danach auf dem 12. Internationalen Kongreß für Gerontologie in Hamburg gezeigt wurde.

3. Sammeln als Hobby

Sammeln ist eine besonders reizvolle Freizeitbeschäftigung. Schließlich ist jeder Sammler dabei, auf seine Weise einen "Schatz" zusammenzutragen — einerlei, ob es ihm um ausgesprochen kostbare oder um weniger wertvolle Gegenstände geht. Da das Sammeln von teuren Objekten jedoch von einem gut gefüllten Geldbeutel abhängt, kann es um so mehr Spaß machen, unabhängig davon sich mehr alltäglichen Dingen zuzuwenden, die nur wenig oder gar keinen finanziellen Aufwand erfordern.

In jedem Fall braucht man zum Sammeln offene Augen und so etwas wie Jagdinstinkt. Das ständige "Auf-der-Jagd-Sein" macht einen wesentlichen Reiz dieses Hobbys aus, ein anderer liegt darin, daß jedes neu hinzugewonnene Stück den Schatz noch vergrößert. Ein professioneller Sammler, der Gegenstände von Wert zusammenträgt, ist außerdem auf eine entsprechende Sachkenntnis angewiesen — er muß auf seinem Gebiet Fachmann sein. Da kein Meister vom Himmel fällt, ist es für Anfänger gerade in diesem Bereich unbedingt notwendig, sich von erfahrenen Sammlern beraten zu lassen und auch die einschlägige Fachliteratur erst einmal gründlich kennenzulernen. Zum Beispiel ist es für einen nicht sachkundigen Interessenten heute sehr schwer, bei als echt angebotenen Biedermeiergläsern, altem Zinn oder Jugendstil-Gegenständen zu erkennen, ob es sich um Echtes oder geschickt Nachgeahmtes handelt. Zum Teil ist das Angebot hier so breit, daß gar nicht alles "echt alt" sein kann. Natürlich kann unser Auge auch Freude an der schönen Form einer nachgearbeiteten Jugendstillampe haben, die sonst gar nicht mehr erschwinglich wäre. Für einen professionellen Art-deco-Sammler käme sie jedoch niemals in Frage. Wenn bestimmte Sammelobjekte in Mode kommen und von zunehmend mehr Interessenten begehrt werden, steigen nicht nur die Preise — fast automatisch stellen sich auch die Nachahmungen, die manchmal außerordentlich gelungene Nachbildungen sind, auf dem Markt ein.

Da haben es die weniger professionellen Sammler um vieles leichter. Sie gehen kaum ein finanzielles Risiko ein, und sie haben die Auswahl unter einer nahezu unbegrenzten Vielfalt von Sammelmöglichkeiten. Je "gängiger" ein Sammelobjekt ist, um so größer ist allerdings die Chance, mit Gleichinteressierten in Kontakt zu kommen und seinem Hobby nicht nur im einsamen Alleingang nachzugehen. Briefmarkensammler z. B. finden entsprechende Vereinigungen häufig schon am Wohnort. Auch Münzsammler und Autogrammjäger haben oft gute Kontakte mit anderen und tauschen doppelte Stücke mit ihnen aus. Hin und wieder kommt es zu Sammler-Treffen — bis hin zu größeren Sammler-Messen, die dem Besucher den ganzen Einfallsreichtum vor Augen führen.

Sammeln nur so zum Spaß

Schließlich kann man auch "nebenbei", ohne besonderen Ehrgeiz und ganz ohne Ausgaben diesem Hobby nachgehen. Die folgenden Beispiele betreffen Sammelgebiete, mit denen man unter anderem Enkelkindern "zuarbeiten" kann. Fast jedes Kind entdeckt irgendwann einmal die Sammelleidenschaft und freut sich, wenn Großeltern oder auch Onkel und Tante mithalten:

— Briefmarken, wie sie mit der eingehenden Post anfallen, einfach ausschneiden und in Abständen entweder dem jungen Sammler überreichen oder für sich selbst aufheben, um sie später zu sichten und abzulösen. Mit der Zeit fallen da ganz schöne Mengen an und nicht selten manches interessante Exemplar. Fremde Marken geben auch Anlaß, sich über ferne Länder und ihre Eigenarten zu unterhalten.

— Ansichtskarten sammeln und z. B. auf eine alte Europakarte kleben, eine Rundreise spielen und von fremden Orten erzählen.

— Fahrkarten, Eintrittskarten und Postkarten von einer — vielleicht gemeinsamen — Reise zu einem "Tagebuch" zusammenstellen, dazwischen kurz besondere Erlebnisse vermerken, wie sie die Kinder selbst erlebt haben.

— Streichholzschachteln und -heftchen mit bunten Aufdrucken aus dem In- und Ausland sammeln.

— Bierdeckel — vor allem von Reisen — mitbringen.

— Gepreßte Pflanzen und unterschiedliche Steine aus der Heimat und von unterwegs sammeln. Steine beschriften oder numerieren, damit man behält, woher sie stammen. Hobbywissenschaftler können noch einen Schritt weitergehen und Pflanzen wie Steine versuchen zu bestimmen. Kinder können deshalb ihre Lehrer fragen.

— Würfelzuckerpäckchen und -tütchen sammeln und bei Gelegenheit den Kindern erzählen, wo man sie mitgenommen hat und wie es damals war.

— Korken — auch Kronenkorken — sammeln und als Bastelmaterial verwenden.

— Omas (oder Opas) "gesammelte Schätze", nämlich unterschiedliche

Gegenstände wie Mitbringsel von Reisen oder Geschenke, an denen bestimmte Erinnerungen hängen, hervorholen und "erzählen lassen". Die Kinder anregen, von ihren eigenen "Schätzen" zu berichten.

Wer öfter auf Reisen oder überhaupt viel unterwegs ist, hat die besonders reizvolle Gelegenheit, "vergleichend" zu sammeln: Eulen — auch im Kleinformat — gibt es ja nicht nur in Athen, sondern nahezu rund um den Erdball, und zwar in allen Ausführungen von Stoff über Keramik und Porzellan bis zu Holz und Metall. In Spanien traf ich auf einer Bus-Rundreise einmal einen Mitreisenden, der kleine Tischglocken sammelte und überall, wo wir hinkamen, danach Ausschau hielt. Auch Fingerhüte, bemalt aus Porzellan oder aus verziertem Metall, manchmal aus Silber, sind ein häufiger Sammelgegenstand, für den man nicht allzu viel ausgeben muß und mit der Zeit dennoch eine beachtenswerte Sammlung vorzeigen kann. In der Regel wählt der Sammler seinen Gegenstand nicht zufällig, sondern immer nur das, was ihn besonders anspricht, in einer geheimen Beziehung zu ihm steht, die er selbst gar nicht immer genau erklären können wird. Alle Sammler haben eines gemeinsam — sie sind von ihrem Hobby besessen und oft selbst echte Originale. Übrigens: Was würden *Sie* sammeln . . .?

Einige Beispiele:

Ein Rentner aus Witten sammelte sei Jahren Festschriften von Vereinen und Firmen aus dem In- und Ausland. Sobald er durch Zeitung, Hörfunk oder Fernsehen von einem Jubiläum oder ähnlichem Anlaß erfuhr, bat er per Telefon oder schriftlich die Herausgeber darum, ihm ein Exemplar der vermutlich vorhandenen Festschrift zu übersenden. In den meisten Fällen hatte er Erfolg, so daß sein Archiv schließlich auf über 10 000, zum Teil mittlerweile sehr wertvolle und seltene Exemplare anstieg. Inzwischen holten Historiker, Heimatforscher, Studierende und auch Behörden gerne Auskünfte von ihm ein, die sonst kaum zu erhalten wären.

Ein ehemaliger Schindelmacher aus einem kleinen Ort im Allgäu konnte endlich seinen langgehegten Plan verwirklichen, die Standorte und die Geschichte alter Mühlen wiederzuentdecken. Jahrelang besuchte er die ihm erreichbaren Archive bis zum Staatsarchiv in Freiburg und konnte schließlich auf 106 Seiten die Geschichte von 35 Mühlen vorlegen, die älteste stammte aus dem Jahr 1366. In seinem Buch hat er die ehemaligen Besitzer und ihre Schicksale so genau wie möglich aufgezeichnet.

Als Heimatforscher betätigte sich auch ein über 80jähriger Bürger eines Dorfes bei Darmstadt. Der frühere Malermeister, der sich schon immer um die Gemeindebücherei kümmerte, durchforstete im Ruhestand alte Gemeindeakten, Kirchenbücher und Standesamtsverzeichnisse, schrieb sie zum Teil ab und machte sie so wieder lesbar. Dazu lernte er in seinen späten Jahren sogar noch etwas Latein, um keine Übersetzungsfehler zu machen. Auch er konnte schließlich Archäologen und Archivaren im heimatlichen Raum mit seinen wertvollen Kenntnissen wichtige Informationen geben und hat zur Errichtung eines Heimatmuseums maßgeblich beigetragen.

Ein älterer Bürger aus Süddeutschland begann vor einigen Jahren damit, Briefmarken-Tauschgemeinschaften zwischen älteren Bürgern der Bundesrepublik und des Auslandes anzuregen. Nach anfänglichen Schwierigkeiten gelang es ihm, österreichische und niederländische Seniorenverbände dafür zu gewinnen. Für Interessenten hier die Anschrift: *Briefmarkentauschgemeinschaft Alpenland,* Georg Jahreis, Klingenstraße 48 in 8501 Eschenau.

4. Singen und Musizieren

Wieder mehr Freude am Singen

Die Gesangvereine, von denen es in der Bundesrepublik Deutschland und West-Berlin allein im Deutschen Sängerbund zusammengeschlossen rund 15 000 gibt, bestehen nicht selten seit hundert Jahren und länger. Dagegen ist das Miteinander-Singen in der Familie oder bei besonderen Festlichkeiten nach dem Zweiten Weltkrieg ganz außer Mode gekommen.

Zum einen haben Radio und Fernsehen, Schallplatten und Musikkassetten ein noch nie dagewesenes Hörerlebnis mit einem riesenhaften und ständig wechselnden Angebot von Liedern und Musik, Songs und Gospels mit unterschiedlichen Stilrichtungen aus allen Kontinenten zu uns in die Wohnungen gebracht, die das passive Zuhören begünstigen.

Zum anderen gerieten die früher jedermann bekannten Volks- und Wanderlieder in Mißkredit, weil sie unter dem Nationalsozialismus, teilweise auch später in den Nachkriegsjahren, mißbraucht und zum Teil noch als "völkisch" und damit als überholt und unpassend angesehen wurden. Hier ist jedoch ein Wandel eingetreten. Wir erinnern uns wieder an längst zurückliegende, einfache Lebensformen und greifen wieder fast schon vergessene Freuden auf. Wir garen Kartoffeln wieder in der Glut — wenn auch im modernen Gartengrill, und wir singen wieder mehr — wenn auch zum Beispiel mit oder sogar in den Fischer-Chören.

Singen, besonders in einem Chor, ist offensichtlich mit Lust verbunden. Es weitet nicht nur die Lungen, sondern auch die Seele. Es zeigt, wie viele gemeinsam und im wahren Wortsinn aufeinander abgestimmt etwas zustande bringen, das sich hören lassen kann und auch den Zuhörern Freude bereitet. Können dabei aber auch bereits ältere Stimmbänder mithalten?

Übung macht Meister — auch im Altenchor

Daß mit zunehmendem Alter die Stimmbänder an Elastizität verlieren und die Stimme an Volumen nachläßt, ist unvermeidlich, wenn beim einzelnen Menschen auch je nach Lebensalter unterschiedlich. Was aber bei einer Opernsängerin für das weitere Auftreten entscheidend sein kann, spielt beim Chorsingen, vor allem in einem Altenchor, längst nicht eine so ausschlaggebende Rolle. Wichtig ist, daß man sich vor allem anfangs nicht überanstrengt. Unter dieser Voraussetzung führt regelmäßiges Singen jedoch meist zu einer Verbesserung der Stimmqualität — vor allem dann, wenn man vorher nur selten gesungen hat.

Ideal ist es, wenn ältere Menschen in einem Chor mitsingen können, in dem mehrere Generationen vertreten sind. Nicht nur wegen der Ausgewogenheit der Stimmen, sondern auch, weil die Älteren dort nicht ganz unter sich sind. Andererseits kann ein reiner Senioren-Chor freizügiger — und damit für Ältere günstiger — Probezeiten auch außerhalb der Abendstunden ansetzen. Schließlich soll nicht übersehen werden, daß Ältere, die gemeinsam auftreten, damit in der Öffentlichkeit mit berechtigtem Stolz beweisen, welche Möglichkeiten sich nach dem Arbeitsleben bieten und wie man sie mit Erfolg nutzen kann. Das gleiche gilt selbstverständlich für alle Formen von Musizier-Gemeinschaften.

Senioren-Orchester und "Rentner-Band"

Als sich in Hamburg eine Gruppe junger Musiker und Sänger unter der Bezeichnung "Rentner-Band" zusammentat — was mehr herausfordernd als verwirrend gemeint war —, löste das in einigen Orten bei älteren musizierfreudigen Menschen eine von den Hamburgern sicher nicht erwartete Reaktion aus: Sie übernahmen die schlagkräftige Bezeichnung auch für sich selbst.

Die Formen, unter denen diejenigen, die ein Instrument spielen, sich in der freien Zeit gemeinsam ans Musizieren machen können, sind auch im Alter vielfach: Sie reichen von der "Band", die im allgemeinen flottere und modernere Stücke bevorzugt, über das Streich-Ensemble bis zum ausgesprochenen Senioren-Orchester, das wiederum ebenso gut in klassischer Besetzung vorkommen kann wie auch zum Beispiel als reines Mandolinen- oder Mundharmonika-Orchester denkbar ist.

Wie entstehen solche Musizier-Gruppen, wo kann man nachfragen und wie eventuell Anschluß finden? Angebote gibt es oft von Einrichtungen der Erwachsenenbildung wie Volkshochschulen, von Begegnungsstätten für ältere Bürger und im Rahmen der Seniorenarbeit der Verbände der freien Wohlfahrtspflege. Darüber können im allgemeinen auch die örtlichen Sozialämter — eventuell auch die Gemeindeverwaltungen — Auskunft geben. In Kirchengemeinden gibt es ebenfalls Sing- und Musiziergruppen für älterer Menschen. Einige Sozialämter haben sogenannte "Hobbytheken" aufgebaut, die Angebot und Nachfrage auch im musikalischen Bereich überblicken. Auf diese Weise können Hobby-Musikanten ihrem Musik-Geschmack und ihrem Instrument entsprechend vermittelt werden, und auch dem Altenorchester, dem noch die zweite Geige fehlt, läßt sich vielleicht schneller helfen.

Es muß nicht immer Klassik sein

Wer zuweilen manche Glückwunschsendungen im Rundfunk mit anhört, in denen Bekannte und Verwandte zumeist älteren Menschen zum Geburtstag gratulieren und für sie ein bestimmtes Musikstück ausgesucht haben, könnte meinen, daß es einen für ältere Menschen typischen Geschmack auf diesem Gebiet gibt. Weit vorne liegen dabei Operettenmelodien und "schöne", musikalisch gefällige Einzelstücke, die man früher auch als "Salonstücke" bezeichnete, wie sie heute noch zum Repertoire von manchen Kurorchestern gehören. Besonders populäre Opernarien und kurze klassische Kompositionen sind in diesen Sendungen ebenfalls häufig zu finden. Es wäre jedoch völlig falsch, daraus etwa abzuleiten, daß man älteren Menschen nichts anderes "zumuten" dürfe — oder daß ältere Musikanten nichts anderes spielen wollten.

Gewiß haften frühe musikalische Erfahrungen und Vorlieben in jedem Menschen besonders stark, sie haben einen hohen Erinnerungswert. Der musikalisch Interessierte braucht — und sollte — aber auch im Alter nicht sich allein auf sie beschränken. Er verbaut sich sonst die Freude am Neuen, an der Erweiterung seiner musikalischen Erlebnisse und damit an einem größeren Genuß. Daß ältere Menschen dies erkennen und nicht im Altgewohnten verharren, hat übrigens eine Marktuntersuchung im Schallplattenbereich ergeben, nach der ein bemerkenswerter Anteil von Platten der Beatles von älteren Bürgern erstanden werden.

Wer selbst ein Instrument spielt, geht ja gewissermaßen noch von einer anderen Seite an die Musik heran — auch wenn er es vielleicht nicht zur Perfektion bringt, ist er doch der Ausübende, der etwas vom eigenen Empfinden in die Melodie hineingeben kann. Von der Mutter des einst berühmten Pianisten Edwin Fischer wird erzählt, daß sie noch im hohen Alter damit begann, Klavierunterricht zu nehmen. Ein Freund meinte, sie könnte sich doch diese Mühe schenken, schließlich hätte sie doch alle diese wunderbar gespielten Platten ihres Sohnes zur Verfügung. Er hatte nicht begriffen, daß Zuhören für sie zwar angenehm war, die Freude am Neuen aber nur mit der eigenen Erfahrung beim Üben und Lernen am Klavier verbunden sein konnte.

Beispiele aus der Praxis:

Ortsvereine der Alten- und Rentnergemeinschaften der *Katholischen Arbeitnehmerbewegung* in *Nordrhein-Westfalen* treffen sich in regelmäßigen Abständen mit holländischen Altenchören zu einem Wettsingen. Ein solches Treffen fand zum Beispiel in Xanten statt. Nach einer gemeinsamen Messe im Dom wurde in einem Ausflugslokal bei Kaffee und Kuchen und unterbrochen von Unterhaltungsbeiträgen beider Gruppen der Wettbewerb ausgetragen.

In *Pforzheim* veranstaltete ein Altenheim im Rahmen einer Seniorenwoche einen Musikwettbewerb, an dem 22 ältere Bürger im Alter bis zu 91 Jahren teilnahmen. Alle erhielten einen Preis.

In *Karlsruhe* wurde schon vor Jahren, angeregt vom Leiter der Abteilung Altenhilfe des Sozialamtes, ein Senioren-Musikkreis gegründet. Er unterteilte sich inzwischen in ein großes Orchester, ein Streichquartett, eine Kammermusik-Gruppe und eine kleinere Spielgruppe. Das große Orchester zum Beispiel ist den Teilnehmern an den Kongressen "senioren 78" und "senioren 80" durch die musikalische Umrahmung der Eröffnungsveranstaltung auch weit über den örtlichen Bereich hinaus bekannt geworden.

In *Gelsenkirchen* schlossen sich meist ehemalige Bergleute in einer "Rentner-Band" zusammen. Sie spielen frei nach Gehör und häufig auch bei Veranstaltungen in und außerhalb von Gelsenkirchen.

Bereits 1968 gründete die *Lebensabendbewegung* in *Hannover* ein Seniorenorchester, in dem 14 Hobby-Musiker im Alter bis zu 87 Jahren sich gleich zu Beginn zusammenfanden. Eine andere Gruppe trifft sich regelmäßig in einem städtischen Freizeitheim und musiziert mit Orffschen Instrumenten, die teils aus Mitteln der Stadt, teils aus Spenden und auch im Eigenbau beschafft wurden.

Auf Anregung der Stadtverwaltung in *Paderborn* schloß sich rund ein Dutzend ältere Herren zwischen 65 und 75 zu den "Paderborner Oldstars" zusammen. Die meisten von ihnen hatten schon früher in Schützenkapellen, Feuerwehrkapellen und Spielmannszügen gespielt und brauchten nur ihre Instrumente wieder auszupacken. Ein Freund der "Oldstars" stiftete ein Klavier, für dessen Transport sich Mitarbeiter des städtischen Presseamtes zur Verfügung stellten.

Im Wilhelm-Hansmann-Haus der Stadt *Dortmund,* einer zentralen

Begegnungsstätte für Senioren mit reichhaltigem Programm, können ältere Bürger allein an fünf verschiedenen Interessengruppen im Bereich Musik teilnehmen: "Wer singt mit?", "Klassische Hausmusik", "Instrumentale Volksmusik" für Anfänger wie für Fortgeschrittene und "Unterhaltungsmusik".

In *Ludwigshafen am Rhein* konnte die "Altenkapelle" bereits ihr 10jähriges Bestehen feiern. Bei den Mitgliedern im Durchschnittsalter von ca. 70 Jahren handelt es sich um Hobby-Musiker, die sich inzwischen an das öffentliche Auftreten bei vielen Gelegenheiten gewöhnt haben.

5. Spielen

Vom Sinn des Spiels

Noch nie zuvor hatten die Menschen soviel freie Zeit zur Verfügung, die sie beliebig ausfüllen und verwenden können. Deshalb erfreut sich das Spiel in allen Formen auch bei Erwachsenen zunehmend an Beliebtheit, und das mit Recht, denn Spielen ist viel mehr als etwa nur ein "Zeit-Vertreiben".

Erstens erleben wir im Spiel und beim Spielen eine andere Wirklichkeit, ein Gegengewicht gegen den Alltagsablauf mit den von vornherein feststehenden Verrichtungen und Pflichten. Spielen bringt immer etwas Neues und Überraschendes und ist mit Freude verbunden — ärgern sollte man sich dabei jedenfalls nicht, auch wenn man einmal zu den Verlierern gehört. Diese im Spiel erfahrene andere Wirklichkeit aber bereichert uns und bringt Abwechslung in einen vielleicht zu gleichförmig verlaufenden Alltag.

Zweitens übt Spielen unsere geistigen Fähigkeiten und oft auch unser Gedächtnis. Bei Sport-Spielen (vgl. Kapitel 7) wird außerdem die körperliche Gesundheit durch die damit verbundene Bewegung gefördert. Spielen hat einen fördernden Einfluß auf unser Wohlbefinden und trägt dazu bei, uns im ganzen länger fit und mobil zu erhalten.

Drittens fördert Spielen die Geselligkeit, das Miteinander mit anderen Menschen und andere Generationen. Wer zum Beispiel gewohnt ist, mit Enkelkindern gemeinsam zu spielen, weiß, daß man sich im Spiel über alle Altersunterschiede hinweg nahekommt und sich gegenseitig viel besser verstehen lernt, weil man dabei mehr übereinander erfährt. Man spielt "miteinander", und daraus entwickelt sich oft ganz natürlich ein Füreinander auch außerhalb der Spielstunden. Daß es beim Spielen auch zu Konflikten und Eifersüchteleien kommen kann, gehört zum Allzumenschlichen. Grundsätzlich aber hilft es, Vereinsamung zu verhüten.

Spiele von "leicht und einfach" bis "anspruchsvoll"

Zu den bekanntesten Spielen zählen Kartenspiele, Würfelspiele, Brettspiele und Schreibspiele. Innerhalb der einzelnen Arten gibt es die unterschiedlichsten Schwierigkeitsgrade, bei den Kartenspielen zum Beispiel einerseits "Schwarzer Peter", bei dem das Ergebnis fast ganz dem Zufall überlassen bleibt, und andererseits Bridge und Skat, bei denen man ganz schön mitdenken und auch mitplanen muß. Manche Menschen strengen sich gerne an und ziehen deshalb ausgesprochene Denkspiele vor, andere verlassen sich lieber auf ihr Glück und den Zufall, der sich nicht berechnen läßt. So gesehen könnte man einen Großteil unserer beliebtesten Spiele auch in "Denkspiele" und "Glücksspiele" unterscheiden. Da im Bereich des Spielens freie Wahl herrscht und es in erster Linie Spaß machen soll, gibt es hier keinerlei Wertigkeiten, sondern das eine zählt so viel wie das andere. Wer darauf aus ist, sein Gedächtnis zu üben, also einen bestimmten Zweck mit dem Spiel verbindet, kann das jedoch mit größerem Erfolg bei allem, was sein Gehirn zum Behalten und Erinnern trainiert.

Denkspiele verlangen Geduld und eine gewisse Beharrlichkeit, und man kann viele auch gut für sich alleine spielen. Patience-Legen (auch wenn der Ausgang vom Zufall mit abhängt) gehört hierher, vor allem aber die sogenannten "Knobelspiele" wie Streichholzspiele, Zauberwürfel jeglicher Art und die Denkaufgaben, bei denen es darauf ankommt, für ein vorgegebenes Problem die richtige Lösung zu finden. Ein bekanntes Beispiel:

"Ein Mann war mit einem Wolf, einer Ziege und einem Kohlkopf unterwegs, wobei er ständig darauf achten mußte, daß der Wolf sich nicht über die Ziege und die Ziege sich nicht über den Kohlkopf hermachte. Er kam an einen tiefen Fluß, an dem ein Boot angekettet war, so klein jedoch, daß er immer nur einen von den dreien mit zum anderen Ufer nehmen konnte. Wie (und mit wieviel Fahrten) konnte er sie alle über den Fluß bringen, ohne daß er auf der einen oder anderen Seite den Wolf mit der Ziege oder die Ziege mit dem Kohlkopf allein lassen mußte?"

In letzter Zeit werden vermehrt ausgesprochene *Gedächtnisspiele* entwickelt, so zum Beispiel die von der österreichischen Primarärztin Dr. Franziska Stengel in ihrem Buch "Gedächtnis spielend trainieren" beschriebene Methode, zu der es auch Arbeitsmappen für gemeinsames Üben in Gruppen gibt. Sie ist ähnlich aufgebaut wie ein Quiz und setzt entsprechend einen gewissen Kenntnisstand in einzelnen Wissensgebieten voraus, wobei häufig die Erinnerung an das seinerzeit in der Schule erworbene Wissen der heute Älteren beschworen wird. Gruppen, die nach dieser Methode spielen, sind oft mit großer Begeisterung bei der Sache, zumal sich das Material über die vorgegebenen Fragen hinaus ohne große Schwierigkeiten erweitern und damit dem jeweiligen Teilnehmerkreis anpassen läßt.

Auch unter den *Schreibspielen* gibt es viele, die nicht nur Spaß machen, sondern zusätzlich unseren "Denkapparat" trainieren, wie z. B. die "Gefüllte Kalbsbrust", bei der es darauf ankommt, zwei senkrechte Buchstabenreihen waagerecht so auszufüllen, daß neue Wörter entstehen. Hier wieder ein Beispiel:

```
G     a r         N
A     n e m o n   E
R       a s       T
T       r ä g e   R
E       r i k     A
N     e i g u n   G
```

Wie Sie sehen, wird das Ausgangswort links von oben nach unten und rechts umgekehrt von unten nach oben hingeschrieben. Haben alle Spieler die "Kalbsbrust" ausgefüllt, werden die neu gefundenen Wörter nacheinander vorgelesen und mehrfach vorhandene ausgestrichen. Wer die meisten Wörter übrigbehält, ist Sieger — es lohnt sich also, möglichst seltene Bezeichnungen zu finden.

Kommt es bei den geläufigen Spielen in der Regel darauf an, daß man im Wettbewerb gegeneinander spielt und zum Schluß ein Sieger übrigbleibt, so verhält sich das bei den sogenannten *Kommunikationsspielen* gewissermaßen umgekehrt: Es gibt weder Sieger noch Besiegte, Ziel ist die gemeinsame Freude am Miteinander. Beispiele aus unterschiedlichen Bereichen dieser Spielart bringt die Broschüre "Miteinander spielen lernen", die beim *Kuratorium Deutsche Altershilfe* in Köln bestellt werden kann. Auch das hier Folgende wurde dieser Broschüre entnommen.

Bergwanderung: Der Spielleiter fordert die Gruppe auf, einen Rucksack zu packen — ". . . ich möchte gern mal wieder wandern. Machen Sie mit?"

Wie in einer Pantomime nimmt sich nun jeder Mitspieler einen unsichtbaren Rucksack vor. Die Gruppe ruft zu, was eingepackt werden soll: Proviant, Getränke, Verbandszeug, Regensachen usw. Dann folgen die spannenden Erlebnisse der Wanderung — spontan äußert z. B. ein Mitspieler, daß der Weg immer steiler wird oder daß ein Sturm losbricht, und alle spielen mit den entsprechenden Bewegungen und ihrem ganzen Verhalten wie durch weitere Zurufe so lange mit, bis die Wanderung glücklich beendet ist.

Bei Spielen dieser Art hat die persönliche Fantasie einen ziemlich großen Spielraum. Das ist erst recht bei dem ausgesprochenen *Rollenspiel* der Fall, bei dem sich eine oder mehrere Personen ohne vorgegebenen Text in andere Personen versetzen und ihre "Rollen" übernehmen — so, wie die Spieler selbst die anderen sehen. Rollenspiele lassen sich gut mit Ratespielen verbinden, z. B., wenn eine bestimmte Persönlichkeit oder ein bestimmter Beruf — ähnlich dem "Heiteren Beruferaten" — erraten werden soll.

Ebenfalls viel Raum für die Fantasie der Spieler läßt das *Puppen- oder Marionettentheater*. Auch wenn ein vorgegebener Text benutzt wird, können sie die Bewegungen und die Sprechweise der Puppen und damit ihr gesamtes Auftreten mitbestimmen und so ein Stück von sich selbst mit in das Spiel bringen. Da der Spieler dabei hinter der Bühne unsichtbar bleibt, ist er gleichzeitig unbefangener und sicherer, als wenn er selbst auftreten müßte.

Anders beim eigentlichen Laienspiel, wenn der Augenblick kommt, wo der Spieler aus der Kulisse heraus auf sein Stichwort hin die Bühne betreten muß. Oft droht dann das bekannte Lampenfieber, das auch manchen berühmten Schauspieler dann nicht verschont, wenn er Abend für Abend auf der Bühne steht. Die Neigung zum Lampenfieber ist sicher von Mensch zu Mensch sehr unterschiedlich. Gerade bei Laienspielern kann jedoch Übung und Gewohnheit dazu beitragen, auf der Bühne sicherer zu werden.

Wie viele Menschen haben sich in ihrer Kindheit oder Jugend einmal mehr oder weniger heimlich gewünscht, Schauspieler zu werden! Es ist deshalb eigentlich verwunderlich, daß unter den beispielhaften Freizeitaktivitäten im Alter noch so wenig auf diesem Gebiet zu finden ist. Ein älterer Mensch — einerlei ob Mann oder Frau — hat schließlich viel mehr vom Leben erfahren, was er im Spiel auch umsetzen und wiedergeben könnte. Woran liegt es — trauen wir uns nicht auf die "Bretter, die die Welt bedeuten"?

Es mag daran liegen, daß — im Rollenspiel, vor allem aber im Puppenspiel wie im Laienspiel — zunächst eine fachliche Anleitung benötigt wird. In jedem Fall müssen sich aber auch Spielbereite und Spielbegeisterte zusammenfinden und sich dann noch über das gemeinsame Vorhaben einig werden. Rollenspiel läßt sich, unter den genannten Voraussetzungen, aus dem Augenblick heraus verwirklichen. Andererseits ist es nicht für zufällige und den Spielern unbekannte Zuschauer gedacht, sondern für die geschlossene Gruppe. Darin liegt der Unterschied zum Puppen- wie Laienspiel für alle — Mitwirkende und Zuschauer. Das Rollenspiel kennt auch keine Wiederholungen, denn es gibt ja keinen feststehenden, vorgeschriebenen Text.

Fertige Stücke dagegen, deren Text von den Spielern auswendig gelernt werden muß, setzen von vornherein die Wiederholung vor einem immer neuen Publikum voraus, denn sonst würde sich die Mühe ja kaum lohnen.

Auch Gastspiele an anderen Orten gehören deshalb mit in das Programm von Laienspielgruppen und Puppentheatern. Laienspielgruppen sind daher auf einen besonders festen Zusammenhalt und eine dauernde gute Übereinstimmung angewiesen. Nicht umsonst spricht man beim richtigen Theater vom "Ensemble" und beim Ballett sogar von der "Kompanie" — es muß eine Persönlichkeit vorhanden sein, die sowohl im künstlerischen wie im zwischenmenschlichen Bereich von allen weitgehend respektiert die Führung übernimmt. Dabei wird von einem solchen Menschen, der meist Regisseur und Produzent in einer Person sein muß, nicht unbedingt Berufserfahrung gefordert. Mit Gespür und Begeisterung — und ohne Furcht vor gelegentlich weniger angenehmen Erfahrungen — haben in diesem Bereich des Laienspiels auch späte Anfänger Aussicht auf Erfolg. Früher sprach man vom "Sendungsbewußtsein". Der Ausdruck ist heute veraltet, aber er drückt noch immer aus, worauf es für Begeisterte in jedem Bereich ankommt: hartnäckig zu sein und sich Schwielen wachsen zu lassen gegen kleinliche Bedenken und auch eventuelle Rückschläge.

Beispiele aus der Praxis:
Nach der Methode von Dr. Franziska Stengel zum Gedächtnistraining spielen inzwischen zahlreiche Gruppen älterer Menschen, vor allem in Begegnungsstätten der Verbände der freien Wohlfahrtspflege. Die Leiter solcher Gruppen werden in besonderen Kursen eigens dafür ausgebildet. Sie kommen nicht nur aus der Arbeit mit älteren Menschen, sondern auch aus Familienbildungsstätten. Inzwischen ist "Gedächtnis spielend trainieren" und "Heitere Gedächtnisspiele" bis in die Altenheime vorgedrungen. So begannen in *Pforzheim* neun Heimbewohner unter der Anleitung einer Arbeitstherapeutin mit dieser Methode. Innerhalb eines Jahres stieg die Gruppe der Teilnehmer auf 20 an, und die Leitung ging an eine Heimbewohnerin über.

Im Wilhelm-Hansmann-Haus, einer Begegnungsstätte der Stadt *Dortmund,* besteht seit Jahren nicht nur eine Laienspielgruppe, sondern auch eine Ballettgruppe, die von einem ehemaligen Ballettmeister geleitet wird. Das Haus verfügt über einen Saal für größere Veranstaltungen mit einer Bühne, auf der die beiden Gruppen bei vielen Gelegenheiten auftreten.

In einem Vorort von *Köln* bietet der Club "Kontakt" seinen rund 100 älteren Mitgliedern zahlreiche Freizeitbetätigungen an. Darunter gibt es eine

Puppenspielgruppe, die durch eine interessante Entwicklung zustande gekommen ist. Zunächst war nur vorgesehen, mit alten Zeitungen und Wasserglas — nach der bekannten Methode — sich im Modellieren von Köpfen zu üben, wie sie in Kasperle-Theatern vorkommen. Das gelang über Erwarten gut, und nun wurden die fertigen, getrockneten Köpfe angemalt. Schließlich mußten sie dann auch angezogen werden, und so fertigten die Teilnehmerinnen als nächsten Schritt die Gewänder für die Kasperlepuppen und versahen sie je nach Typ auch mit Hüten, Perücken und Kopftüchern. Die fertigen Puppen reizten zum Spielen, also entstand ein selbstgebautes Kasperletheater, man wagte sich an vorhandene Kasperle-Stücke und spielte in Kindergärten. Inzwischen schreiben die Teilnehmer auch ihre Stücke selbst, zum Beispiel eines, in dem es kindergartengerecht um das richtige Verhalten im Straßenverkehr geht.

In *Unna/Westfalen* entstand in einer Begegnungsstätte für ältere Bürger eine Laienspielgruppe, die auch "Gastspiele" außerhalb von Unna gibt.

Bewohner eines Altenheims in *Wien* schlossen sich ebenfalls zu einem Theaterensemble zusammen. Bei der Suche nach einem Stück, das vorwiegend Rollen für Ältere enthält, stießen sie auf Molières "Eingebildeten Kranken", den sie allen Schwierigkeiten und dem anfänglichen Pessimismus der Umgebung zum Trotz mit Erfolg auch in anderen Altenheimen aufführten.

6. Fotografieren, Filmen, Funken

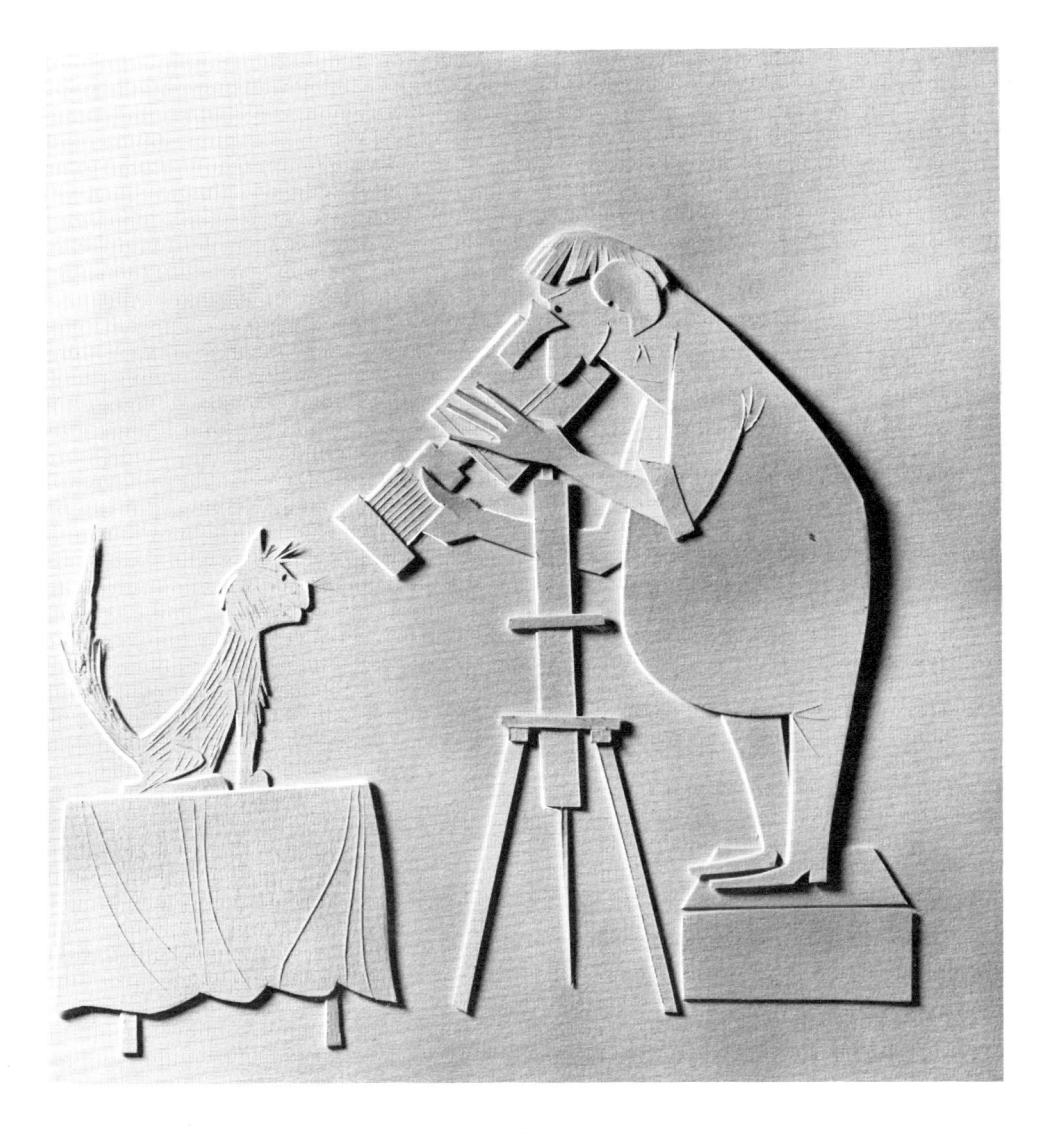

Noch zu Beginn unseres Jahrhunderts diente so gut wie allein das gedruckte Wort der Übermittlung von Nachrichten und anderen Informationen. Die Tageszeitung hatte keine Konkurrenz aus anderen Medienbereichen, und nicht einmal Fotos ließen sich so ohne weiteres und so selbstverständlich wie heute in ihr wiedergeben.

Das wurde anders, als in den zwanziger Jahren die ersten Rundfunksender entstanden und die entsprechenden Empfangsgeräte — zunächst noch nur mit Kopfhörer — auf den Markt kamen. Gute und schlechte Nachrichten "reisten" jetzt sehr viel schneller, und das Berichterstattungsgebiet dehnte sich bald auf den ganzen Globus aus. Bald ließen sich auch Fotos auf telegrafischem Weg übermitteln und füllten die "Illustrierten", allerdings nur in schwarzweißer Wiedergabe.

Nach dem zweiten großen Krieg kam dann das Fernsehen — von Jahr zu Jahr immer komfortabler, immer leichter zu bedienen, und schließlich bunt. Alle diese neuen "Medien" haben unsere Welt verändert — und sie haben sich selbst durch den technischen Fortschritt so verändert, daß auch der Laie ohne besondere technische Vorkenntnisse in die Produktion einsteigen kann.

Heute knipsen wir Farbfotos mit der Sofortbild-Kamera, drehen Filme mit der Fernsehkamera, die sofort abspielbereit sind, und unterhalten uns per CB-Funkgerät mit allen möglichen Zeitgenossen, die das gleiche Hobby haben. Da ist es eigentlich nur selbstverständlich, daß auch ältere Menschen sich mehr und mehr mit diesen Hobbys einlassen — und keineswegs nur die Herren. Kurse in Fotografie, Film und Fernsehaufnahmetechnik werden von Volkshochschulen wie auch von Begegnungsstätten für Ältere angeboten. Für den CB-Funk — ein Sprechfunk mit begrenzter Reichweite — braucht man eigentlich nur ein zugelassenes Gerät und die Gebrauchsanweisung, da spezielle Kenntnisse wie Morse-Alphabet nicht benötigt werden. Amateur-Funk-Clubs gibt es mittlerweile nahezu in jeder Stadt — der Funker oder die Funkerin braucht also auf fachgerechten "Anschluß" nicht zu verzichten.

Wie weit man seine Foto- und Filmkünste ausbaut, muß man selbst entscheiden. Immerhin macht es viel Spaß, Filme von Schwarzweiß-Aufnahmen selbst zu entwickeln und auch zu vergößern. Die kommerziellen Fotolabors arbeiten bei Schwarzweißfotos heute überall mit Automaten, entsprechend können sie kaum auf Spezialwünsche eingehen, und falls doch, so wird es teuer. Arbeitet man in der eigenen Dunkelkammer, so ist es kein Problem, die Belichtungszeiten beim Vergrößern zu variieren und beliebige Ausschnitte zu wählen. Spaß macht es ebenso, die Schmalfilme vom Urlaub zu einem spannenden Bericht zusammenzustellen und mit Ton zu untermalen. Fürs Meeresrauschen kann dabei schon die Badewanne herhalten. Nicht zuletzt sorgen die eifrigen Mit-Amateure dafür, daß man immer neue Anregungen erhält und Neues ausprobieren möchte, weil die Lust am friedlichen Wettbewerb nicht ruhen läßt.

Einige Beispiele:
In *Berlin* haben Mitglieder der "Medienoperative e. V." eine Gruppe älterer Menschen, vorwiegend Damen, so weit in der Fernseh-Aufnahmetechnik ausgebildet, daß die Gruppe selbständig Straßeninterviews zum Thema Alter durchführte und gleichzeitig mit der Fernsehkamera filmte. Dann wurde der Film fachgerecht geschnitten und konnte über den Videorecorder vorgeführt werden.

Ebenfalls in *Berlin* kam es bereits 1974 zur Gründung einer Senioren-Schmalfilmgruppe, die inzwischen dort zu den aktivsten Seniorengruppen gehört und schon zahlreiche "Ableger" gebildet hat. Mit den fertigen Filmen gehen die Mitglieder in Begegnungsstätten, Altenheime und Krankenhäuser und führen sie dort vor.

In *Marburg/Lahn* wurde in einer Begegnungsstätte der Arbeiterwohlfahrt eine "Mediothek" eingerichtet. Dort stehen den Besuchern Videorecorder, Kameras und Fernsehgeräte, Vergrößerungsgeräte und auch Bildwerfer zur Verfügung. Mehrere Filme, von den Besuchern hergestellt, konnten bereits gezeigt werden.

Im Wilhelm-Hansmann-Haus in *Dortmund* trifft sich ein "Fotozirkel", der auch gemeinsame Foto-Wanderungen unternimmt. Eine Dunkelkammer steht ebenfalls zur Verfügung.

7. Sport und Bewegung

Wer zuviel rastet, der rostet

"Sport kennt kein Alter" heißt der Titel eines vom *Kuratorium Deutsche Altershilfe* gemeinsam mit dem *Deutschen Sportbund* herausgegebenen "Trimm-Dich"-Heftchens, in dem es eingangs heißt:

"Jeder Mensch hat heute die Aussicht auf ein langes Leben. Deshalb ist es wichtig, sich möglichst lange auch körperlich fit zu halten, denn nur so können viele unliebsame Alterserscheinungen vermieden werden... Jeder muß schon selbst etwas dafür tun, und zwar nicht nur in jungen Jahren, sondern auch gerade dann, wenn man bereits älter ist."

Wir wissen heute alle ganz gut, daß wir uns im allgemeinen viel zuwenig Bewegung verschaffen. Mangel an Bewegung bedeutet aber für viele Körperbereiche Mangel an Gebrauch und damit verfrühter Rückgang der Leistungsfähigkeit von Muskeln und Organen. Unser Herz-Kreislauf-Lungen-System zum Beispiel braucht ein gewisses Maß an regelmäßiger Beanspruchung, um voll funktionsfähig zu bleiben. Mangel an Bewegung führt außerdem gerade bei Älteren zu unerwünschten Fettpolstern und damit zu ungesundem Übergewicht, das nachgewiesenermaßen die Lebenserwartung verkürzt.

Regelmäßige körperliche Bewegung durch eine Sportart dagegen steigert die Leistungsfähigkeit von Herz und Kreislauf — selbst dann, wenn man erst in späten Jahren damit anfängt und seit der Schulzeit keinen Sport mehr getrieben hat. Mehrere von Sportmedizinischen Hochschulen durchgeführte Trainingsreihen mit solchen "Spätanfängern" haben sogar bewiesen, daß nach einem einige Monate durchgeführten Ausdauertraining die Kreislaufwerte gegenüber den Anfangswerten eine ganz erstaunliche Besserung aufwiesen — sie entsprachen praktisch einer "Verjüngung" von bis zu 10 und mehr Jahren. Jeder, der trainiert, kann das selbst an sich feststellen: Der Puls bleibt auch bei wachsender Anstrengung ruhiger, und so leicht geht einem auch nicht mehr die Puste aus. Gleichzeitig wird überflüssiges Fettgewebe abgebaut, die Haut wird besser durchblutet, und man fühlt sich nicht nur äußerlich, sondern auch seelisch geradezu verjüngt.

Sport macht Spaß

Bewegung sportlicher Art hebt von innen heraus das Lebensgefühl — man hat etwas für seine Gesundheit getan und spürt, daß Körper und Geist dafür dankbar sind. Dazu kommt, daß man sich bei den weitaus meisten Sportarten und Bewegungsspielen in guter Gesellschaft — nämlich Gleichinteressierten — befindet. Gleichzeitig geht von der Gruppe eine unausgesprochene Verpflichtung aus, sich zu den Übungsstunden auch regelmäßig einzufinden — man bleibt leichter "bei der Stange" und gibt eventuellen Verlockungen, nicht zu erscheinen, nicht so schnell nach. Allerdings sollte man eines nicht tun: zu meinen, es käme darauf an, sich selbst und den anderen durch Höchstleistungen zu imponieren.

Vorsicht vor Übertreibungen

Schnelligkeitsrekorde zum Beispiel sollten Sie ganz außer Betracht lassen. Sie sind wegen des hohen Sauerstoffverbrauchs für Ältere schlecht geeignet. Außerdem ist längst bekannt, daß die auf Schnelligkeit angelegten Sportarten keineswegs zu den gesündesten zählen.

Statt dessen sollte es Ihnen darauf ankommen, ganz allmählich — also langsam — Ihre Ausdauer und Ihre Bewegungsfähigkeit zu verbessern. Mit Sicherheit ist es wirkungsvoller und gesünder, zwei- oder dreimal in der Woche etwa eine Stunde lang Sport zu treiben, als mit entschlossenem Durchhaltewillen an einem einzigen Wochentag gleich drei Stunden zu trainieren. Eine weitere Grundregel lautet: Aufhören, sobald man selbst zu spüren beginnt, daß es zu beschwerlich wird. Sportliche Eitelkeit ist also keineswegs gefragt, wenn nicht sogar ungesund. Besteht irgendein Zweifel, ob die Sportart, die man im Auge hat, auch die richtige für die körperlichen Voraussetzungen ist, die man mitbringt, so ist unbedingt zu empfehlen, den Hausarzt um Rat zu fragen.

Geeignete Sportarten, die weit verbreitet sind

Spazierengehen ist die einfachste Art, sich Bewegung zu schaffen. Statt "Pflastertreten" sind Spazierwege vorzuziehen, nicht nur für die Füße, sondern auch weil die Luft dort besser ist. Empfehlenswert sind zwei Stunden in der Woche, die Sie darauf verwenden sollten. Zum Spazierengehen brauchen Sie auch keine besondere Sportkleidung. Sie sollten allerdings Schuhe wählen, in denen Sie gut gehen können. Und was das Tempo betrifft: Niemand verlangt von Ihnen, daß Sie blindlings darauf losstürmen und die Kilometer zählen. Zum Spazierengehen gehört auch, daß man etwas von der Umgebung rechts und links aufnimmt und sich mit neuen

Eindrücken beschäftigt — jedoch im zügigen Gehen. Ein bequemes Dahinschlendern allein bringt zu wenig für die Gesundheit.

Wandern ist seit einigen Jahren wieder neu "in Mode" gekommen. Von Halbtagsausflügen bis zu Wandertouren über eine Woche und länger reicht hier das Angebot von Wander- und Gebirgsvereinen ebenso wie auch von kommerziellen Reiseveranstaltern. Größere Wandertouren werden heute meist mit separatem Gepäcktransport von Hotel zu Hotel angeboten, so daß man sich nicht mehr mit einem schweren Rucksack plagen muß. Diese "Marscherleichterung" wird gerade von älteren Wanderern dankbar begrüßt. Über entsprechende Tourenangebote können die Reisebüros im allgemeinen nähere Auskunft geben. Auch in den Reisebeilagen der Tageszeitungen sind öfter Hinweise auf Veranstalter zu finden.

Wandern ist eine gesteigerte Form des Spazierengehens, es übt das Herz-Kreislauf-System in noch höherem Maße — aber es beansprucht es auch stärker. Eine längere Wanderung — sei sie auch nur halbtags — läßt sich bei Unwohlsein nicht mitten im Wald beliebig abbrechen. Man sollte sich auch beim Wandern deshalb nicht gleich zuviel vornehmen, sondern sich allmählich steigern. Eine längere, einsame Wegstrecke sollte immer nur in einer Gruppe und niemals allein zurückgelegt werden. Beim Wandern muß man sich, anders als beim Spazierengehen, mit der Bekleidung auf wechselndes Wetter einstellen und festes Schuhwerk tragen, mit dem man in unterschiedlichem Gelände sicher auftreten kann. Wandergruppen speziell für ältere Bürger, bei denen Anfänger immer willkommen sind, gibt es häufig im Bereich der örtlichen Clubs und Begegnungsstätten für Senioren oder auch im Rahmen der Volkshochschule.

Laufen ist heute auch als "Trimm-Trab" oder als "Jogging" (= "Zockeltrab") im Gespräch. In vielen Orten gibt es sogenannte "Lauf-Treffs", wo alt und jung nach Feierabend eine bestimmte Laufstrecke zurücklegt. Auskunft geben die örtlichen Sportvereine oder auch — in größeren Städten — die Sportämter, in kleineren Orten eventuell die Gemeindeverwaltung. Gemeint ist dabei kein Wettlauf, sondern mehr ein Spazierenlaufen, bei dem jeder sein Tempo selbst bestimmt und beliebig Verschnaufpausen einlegt. In der Praxis zeigt sich jedoch mehr und mehr, daß beim Laufen die Verlockung zur ständigen Mehrleistung gegeben ist — immer längere Strecken bei weniger Pausen zurückzulegen und die Ausdauer damit in Schnelligkeit zu messen. Das kann bei älteren Menschen, wie die Ärzte bestätigen, auch sehr unerwünschte Folgen, z. B. an den auf solche Weise überbeanspruchten Knie- und Hüftgelenken, haben. Laufen nur zum Spaß und mehr im Sinne von "Dahin-Zockeln" ist einem verbissenen, auf ein Erfolgsziel gerichteten Langlauf vorzuziehen.

Radfahren ist auch bei den Jungen wieder in Mode, nicht zuletzt, weil die Fortbewegung mit eigener Muskelkraft unabhängig von Benzin und anderen Treibstoffen macht und außerdem keine Luftverschmutzung mit sich bringt. Der Ausbau von Radwegen macht Fortschritte, obwohl wir dabei noch längst nicht soweit sind wie in Holland, wo fast überall Radwege vorhanden sind. Die meisten der heute Älteren haben in ihrer Jugend Radfahren gelernt — vermutlich auch Sie? Wenn Sie außer Übung sind, trainieren Sie am besten zuerst einmal auf einem Hof, einer ruhigen Straße oder einem Sportplatz. Sie werden erstaunt sein, wie schnell Sie Ihr Fahrrad wieder beherrschen — aber bitte keinen krummen Rücken machen, sondern möglichst aufrecht sitzen, das bekommt dem Kreislauf am besten.

Gymnastik speziell für ältere Bürger wird seit etwa 1970 vermehrt in Altenclubs, Begegnungsstätten und Volkshochschulen angeboten. In einigen Orten reichten schon nach kurzer Zeit die dafür geeigneten Leiterinnen nicht mehr aus, obwohl die Zahl der Kurse bereits verdoppelt und verdreifacht wurde. Die gleiche Erfahrung liegt in anderen Ländern vor, z. B. in der Schweiz, wo man vom "Altersturnen" spricht. Diese "Senioren-Gymnastik", wie sie bei uns auch bezeichnet wird, ist besonders darauf abgestellt, die Beweglichkeit im Alter zu erhalten bzw. zurückzugewinnen und dabei Herz und Kreislauf zu einer besseren Leistung anzuregen. Die Leiter solcher Gruppen müssen daher eine entsprechende Vorbildung mitbringen, vor allem das Deutsche Rote Kreuz ist mit entsprechenden Ausbildungsmaßnahmen hervorgetreten. Neben den bereits genannten Einrichtungen bemühen sich in letzter Zeit der *Deutsche Turnerbund* und der *Deutsche Sportbund* darum, daß auch in den örtlichen Sportvereinen derartige Angebote für Ältere entstehen.

Seniorentanz ist ebenso beliebt und verbreitet wie die Seniorengymnastik. Er ist später entstanden als sie, und es könnte sogar sein, daß er sie überflügelt. Dazu muß vorweg gesagt sein, daß Seniorentanz in dem hier gemeinten Sinn in der Hauptsache nicht den reinen Paartanz betrifft, sondern von Tanzformen aus der Folklore — z. B. Deutschlands, Englands, den USA und dem Balkan — ausgeht und auch Tanzspiele und Tänze im Sitzen (u. a. für Behinderte) mit einbezieht. Ähnlich wie beim Menuett oder bei der Quadrille wie auch dem Reigen oder dem amerikanischen Squaredance wechseln die Tänzer vom einen Gegenüber zum anderen, so daß im Laufe eines Tanzes eine Vielzahl von Begegnungen stattfindet. Bei der großen Überzahl der älteren Frauen, die wie bei anderen Freizeitangeboten auch beim Tanz zu verzeichnen ist, fällt auf diese Weise die künstliche Unterteilung in "Herr" und "Dame" fort. Statt dessen gibt es gemeinsam Neues zu lernen, zur Musik Schritte einzuüben, die im Schwierigkeitsgrad — je nach den Voraussetzungen, die die Gruppe mitbringt — leicht auch abgeändert werden können.

Schon bei der Gymnastik spielt es eine Rolle, ob sie mit Musikbegleitung ausgeführt wird oder nur auf Zuruf oder rhythmische Tamburinschläge. Beim Seniorentanz kommt es zu einer Verschmelzung von Musik und Bewegung zu einem Rhythmus, der den einzelnen Tänzer herausfordert und ihm gleichzeitig Grenzen setzt, weil er ein Teil des Ganzen ist. In diesem Spielraum aber ist ihm die Möglichkeit gegeben, in der Bewegung sich selbst auszudrücken. Er wird in seinen seelischen und körperlichen Kräften angesprochen und aktiviert, und im Gleichklang jedes Tanzschritts mit den anderen fährt ihm die Freude am Miteinander der Gemeinschaft in jede Fußspitze.

So jedenfalls konnte ich es erleben, als ich am 1. Mai 1974 im zufälligen Vorüberfahren in einen der frühen Ausbildungskurse im Seniorentanz — es war im Hedwig-Dransfeld-Haus in Bendorf am Rhein — nur einmal hereinschauen wollte. Meine feste Absicht war, Zuschauer zu bleiben. Ich wollte vom Rand her beobachten. Gerade als ich mich fragte, was den Leuten auf der Tanzfläche soviel offensichtlichen Spaß machte, wurde ich zum Mittanzen aufgefordert. Ganz unerwartet und unvorbereitet gehörte ich auf einmal dazu, stellte mich zunächst ziemlich dumm an, erhielt Hilfestellung von den Nachbarn und Nachbarinnen und war plötzlich eingepaßt in den Gleichklang von Musik und Tanzschritt — gemeinsam mit den anderen. Die Faszination, die von dieser Tanzart ausgeht, ist ansteckend wie die Masern — aber es geht viel schneller und ist nicht nur bei weitem angenehmer — es macht auch rundherum froh.

Schwimmen und Wassergymnastik ist für die meisten der heute Älteren etwas, das sie nicht von Jugend an beherrscht haben. Für die Kinder von damals gehörte Schwimmenlernen keineswegs zu den Selbstverständlichkeiten — schon gar nicht, wenn das nächste Hallenbad viele Kilometer entfernt erst in der nächsten größeren Stadt zu finden war. Schwimmunterricht in der Schule kam allenfalls in höheren Schulen vor, für die es vor 1950 weder eine Schulgeldfreiheit gab noch kostenlose Beförderung durch Schulbusse auch von weiter her.

Inzwischen hat ein Heer von älteren Menschen bewiesen, daß sich das damals Versäumte auch in späten Jahren noch nachholen läßt — ja, daß es für Schwimmunterricht und Schwimmenlernen praktisch kaum eine

Altersgrenze gibt. Für den Erfolg entscheidend ist meist der Anfang, die Gewöhnung an das Wasser, an die Bewegung im Wasser und der Abbau der Angst vor dem Wasser. Schwimmen bringt besonders viele Vorteile für die Gesundheit: Da das Wasser trägt, werden die Gelenke entlastet, gleichzeitig werden alle Muskeln beansprucht, die Durchblutung wird gesteigert.

Angebote zum Schwimmenlernen speziell für Ältere gibt es jetzt in den meisten Städten — entweder aus dem Bereich der Altenarbeit der Wohlfahrtsverbände, wo die Älteren unter sich bleiben, oder auch von privaten Schwimmschulen, die sich oft besonders auf ältere "Schüler" eingestellt haben.

Kegeln zählt zu den Sportarten, die ohne Geselligkeit nicht denkbar sind und deshalb besonderen Spaß machen. Dabei handelt es sich zwar um einen Wettkampf, gefragt ist jedoch nicht eine körperliche Höchstleistung, sondern Konzentration und Geschicklichkeit. Kegelgruppen für Ältere gibt es sowohl im Rahmen von Kegelclubs als auch im Rahmen der örtlichen Freizeitangebote für ältere Bürger.

Auch unter den weiteren Sportarten, die für fortgeschrittene Jahrgänge zu empfehlen sind, gibt es eine ganze Reihe von Möglichkeiten, bei denen es auf Geschicklichkeit und Konzentration ankommt. Sie eignen sich hervorragend auch als "Familiensport", d. h., man kann sie sehr gut mit Jüngeren gemeinsam spielen, sei es zu zweit oder zu mehreren. Hierher gehören zum Beispiel Minigolf — Bahnen für dieses Spiel gibt es mittlerweile in vielen Orten —, Tischtennis, Soft-Tennis, Badminton, Federball und das in den Mittelmeerländern so beliebte und durch Altbundeskanzler Adenauer auch bei uns bekanntgewordene Boccia (auf französisch Boule).

Als körperlich anspruchsvollere Sportmöglichkeiten sind schließlich noch Rudern, Skilauf (vor allem Langlauf) und Eislauf zu nennen, allerdings ohne damit eine vollständige Aufzählung zu erreichen. Vielleicht entdecken Sie selbst noch etwas ganz Neues, das gerade erst im Kommen ist!

Um Ihnen beim Lesen Appetit zu machen, wurden hier erst einmal die gängigeren und leichter erreichbaren Sportarten vorgestellt, darunter vor allem diejenigen, die keine besondere Vorbereitung oder Ausrüstung erfordern — mit denen Sie zu möglichst jedem Ihnen genehmen Zeitpunkt beginnen und dabei noch mit guter Gesellschaft rechnen können.

Beispiele aus der Praxis:

Die *Stiftung Spazierengehen e. V.*, mit Sitz in 4300 Essen 1, Am Wünnesberg 31, belohnt regelmäßiges Spazierengehen mit dem Abzeichen "Aktion Goldener Schuh". Mitmachen kann jeder, der bereit ist, über seine Spaziergänge regelmäßig Buch zu führen. Ein Kontrollheft kann gegen Einsendung eines kleinen Betrages in Briefmarken angefordert werden. Für 300 Stunden Spazierengehen innerhalb von 12 Monaten wird eine Anstecknadel in "Gold" verliehen, für 200 Stunden die gleiche in "Silber" und für 100 Stunden in "Bronze". Die Nadel zeigt als Sinnbild ein Paar Wanderschuhe und die laufende Kennzahl, sie wird kostenlos verliehen. Bis jetzt kann die Aktion fast eine halbe Million Teilnehmer verzeichnen.

Die Gymnastikgruppe der Altengemeinschaft "Miteinander — Füreinander" in *Biberach an der Riß* kann auf über ein Jahrzehnt Aktivität zurückblicken. Die Übungsstunden finden wöchentlich statt, und zwar in drei Gruppen. Für die Ältesten gibt es ein spezielles Programm mit leichten Atem- und Sitzübungen.

In *Rüsselsheim* treffen sich wöchentlich einmal interessierte ältere Bürger zu einer gemeinsamen Radtour. Die Anregung dazu gab ein Vortrag über Sportangebote für Senioren.

Die "Private Altenhilfe e. V." in *Kempen/Nordrhein-Westfalen* hat eine Radfahrgruppe ins Leben gerufen, die besonders von den älteren Damen begrüßt wurde, weil sie nicht gerne allein einsame Wege fahren wollen.

Von der Städtischen Altenhilfe *Oberhausen* ausgehend, fanden in Nordrhein-Westfalen schon mehrfach Städte-Turniere im Gesellschaftstanz statt, so zwischen Tanzgruppen älterer Bürger aus Oberhausen, Dortmund und Mönchengladbach. Da die Herren dabei stets in der Minderzahl sind, gibt es auch reine Damenpaare, bei denen der "Herr" als Kennzeichen eine farbige Schleife am Oberarm trägt.

Die vom Bundesverband Seniorentanz e. V. entwickelte Form des offenen Tanzens hat mittlerweile auch im Ausland zahlreiche Anhänger gefunden. Lehrgänge fanden bereits in Österreich, der Schweiz, Dänemark, in der DDR und in Finnland statt. An der Erstveranstaltung in Finnland nahmen z. B. 43 Pensionäre teil, die aus allen Landesteilen zusammengekommen waren. — Über Ausbildungskurse in dieser Tanzform informiert die Geschäftsführung des *Bundesverbandes Seniorentanz*, Dr. Arndt von Lüpke, Burgweg 9, 5420 Lahnstein.

Zu einem "Groß-Unternehmen" sind die Schwimmkurse des Arbeitersamariterbundes in *München* geworden. Als im Februar 1975 der erste Kurs begann, hatten sich 15 Teilnehmer über 60 eingefunden. Ein Zeitungsbericht darüber löste einen Ansturm von 330 Interessenten aus — inzwischen haben weit über tausend Münchner Senioren den "Sprung ins kühle Naß" gewagt, obwohl die meisten von ihnen mehr oder weniger schlechte Erfahrungen mit dem Wasser hinter sich hatten. Die Schwimmstunden werden in mehreren öffentlichen Hallenbädern veranstaltet, Übungsleiter sind meist Sportstudenten höheren Semesters. Sehr schnell zeigte sich, daß das gesellige Beisammensein die Älteren auch zu weiteren Unternehmungen ermutigte. Ausflüge werden organisiert, man trifft sich auch privat, geht kegeln und leistet sich bei Bedarf auch gegenseitige Hilfen.

Der Kreisverband des Deutschen Roten Kreuzes in *Neuss* hat 1973 in Zusammenarbeit mit der Volkshochschule, der Stadtverwaltung und dem Gesundheitsamt damit begonnen, Kurse für Wassergymnastik zu veranstalten. Nachdem die Teilnehmer einmal Kontakt mit dem Wasser hatten, wollten einige auch noch schwimmen lernen. Von den ersten 14 schafften es 10 mit Erfolg. Die sich schnell ausweitenden Kurse werden als Veranstaltung der Volkshochschule angeboten.

In *Ludwigshafen* gibt es in den verschiedenen Altentagesstätten mehrfach Kegelgruppen. Sie tragen seit 1977 jedes Jahr untereinander ein Turnier aus. Auf den Sieger des Wettbewerbs wartet ein Wanderpokal.

In *Mönchengladbach* gibt es seit vielen Jahren den Verein "Sport für betagte Bürger" mit zahlreichen sportlichen Angeboten. Er hat als vorbildlich weit über die Grenzen der Stadt hinaus Anerkennung gefunden.

In *Köln* entstand 1977 die "Seniorengemeinschaft für Sport und Freizeitgestaltung", die nur über 55jährige Mitglieder aufnimmt; neben vielen sportlichen Möglichkeiten bietet die Seniorengemeinschaft kulturelle Veranstaltungen, Sprachkurse und Hobby-Kurse an.

Auf Initiative der Evangelischen Kirchengemeinde wurden im Hallenbad *Leverkusen-Rheindorf* spezielle Senioren-Schwimmzeiten eingerichtet. Zu den ersten speziellen Schwimmkursen meldeten sich 64 Teilnehmer bis zu 79 Jahren an, von denen 40 mit Erfolg schwimmen lernten.

Im Sommer 1980 veranstaltete die Arbeiterwohlfahrt in *Offenbach/Main* erstmals eine "Fahrrad-Rallye für Senioren", bei der eine 12 km lange Strecke durch den Stadtwald zu bewältigen war und unterwegs mehrere

Aufgaben gelöst werden mußten. Dreißig ältere Bürger (bis 82 Jahre) nahmen daran teil und hatten so viel Freude, daß beim späteren gemeinsamen Mittagessen der Wunsch nach Wiederholung groß war.

Aus einem "Seniorenkränzchen" des Deutschen Roten Kreuzes entstand in *Burgdorf (Nordheide)* ein "Radfahr- und Wanderclub für Senioren", der bei den älteren Bürgern spontan großen Zuspruch fand.

Ski-Kurse speziell für Senioren wurden auch für Anfänger bereits in Österreich und in der Schweiz abgehalten. Besonders geschulte Skilehrer und ärztliche Kontrolle der Teilnehmer gehören mit dazu. Auskünfte geben: *Österreich-Information,* Roßmarkt 12, 6000 Frankfurt/M., und *Schweizer Ski-Schule,* Brandschenke 156, CH-8002 Zürich.

8. Urlaub und Reisen

Immer mehr Ältere machen Urlaub

Reisen bringt neue Erlebnisse — und neue Erlebnisse setzen im Menschen etwas in Bewegung, sie aktivieren ihn und machen ihn reicher an Erfahrung, oft auch reicher an Welterfahrung und Bildung. Die Abwechslung zum Rentneralltag frischt gerade den älteren Menschen auf, neue Bekanntschaften und Kontakte werden geschlossen, der Vereinsamung wird vorgebeugt. Kein Wunder, daß sich das auch in der Reise-Statistik widerspiegelt. So fuhren im Jahr 1979 nach einer Analyse des Studienkreises für Tourismus in Starnberg von den 60- bis 69jährigen Bundesbürgern genau 47 % oder 2,9 Millionen in Urlaub, und von den über 70jährigen waren es 37 % oder 1,8 Millionen. 41 % der älteren Urlauber reisten dabei ins Ausland. Gleichzeitig allerdings ist bei den über 60jährigen insgesamt aber auch der Anteil derjenigen, die noch niemals eine Urlaubsreise angetreten haben, immer noch am größten, nämlich 26 % bei den bis zu 69jährigen und 31 % bei den über 70jährigen.

Dabei muß eine Urlaubsreise heute nicht mehr an einem schmalen Geldbeutel des Rentners oder Pensionärs scheitern. Die Bedeutung des Urlaubs oder der Ferienreise für die körperliche wie seelische Gesundheit auch im Alter wurde seit langem von Wissenschaftlern und Medizinern erkannt und hat dazu geführt, daß Städte, Gemeinden und Bundesländer Zuschüsse für bestimmte Urlaubsformen geben, wenn das Einkommen der älteren Teilnehmer zu gering ist. Diese Urlaubsmöglichkeiten werden entweder von den Städten und Landkreisen selbst angeboten (Auskunft beim jeweiligen Sozialamt, Abteilung Altenhilfe) oder von den Verbänden der freien Wohlfahrtspflege — auch im Verein mit Kirchengemeinden — durchgeführt. Ebensogut können aber auch Selbstzahler an einem solchen Urlaub teilnehmen, denn das Allerwichtigste dabei ist, daß diese Angebote ganz speziell auf ältere Menschen zugeschnitten sind. Das heißt zum Beispiel, daß Reisezeit und klimatische Voraussetzungen entsprechend berücksichtigt werden und daß viel für die Freizeitgestaltung getan wird. Darüber hinaus gibt es zunehmend Angebote für "Seniorenreisen" auch in den Reisebüros, über die man sich am besten direkt dort informiert.

Die Angebote aus dem kommunalen Bereich und von den Wohlfahrtsverbänden kommen reiseungewohnten älteren Menschen meist besonders entgegen, da diese Reisen nur wenig oder gar keine Probleme mit sich bringen. Eine besondere Form sind dabei die *"Ferien ohne Kofferpacken"*, auch *"Tageserholung"* oder „*Stadtranderholung*" genannt. Acht, zehn oder 14 Tage lang werden die Teilnehmer jeden Morgen per Bus zu einem nicht allzu weit entfernten schön gelegenen Ort gefahren, wo ein Gasthof, ein Ferienheim oder ein Hotel tagsüber für das leibliche Wohl und Begleiter für Abwechslung sorgen, bis am Abend der Bus die Gäste wieder in ihre Wohnung zurückbringt. Auf diese Weise vermißt niemand sein gewohntes Bett, und Koffer braucht man auch keinen zu packen, verlebt aber trotzdem eine schöne Ferienzeit.

Zu weiter entfernten Zielen, etwa in einen Erholungsort im waldreichen Mittelgebirge, führen von den gleichen Veranstaltern 14tägige bis dreiwöchige *Ferienaufenthalte*. Wie bei der Stadtranderholung bleibt dabei niemand sich selbst überlassen, sondern Begleitpersonen regeln alles Organisatorische und machen Angebote für die Freizeit, zu denen Wanderungen und sportliche Betätigungen ebenso gehören wie Spiele und Werk- und Bastelarbeiten, die keine besonderen Kenntnisse voraussetzen, aber Spaß machen.

Ähnliche Programme bieten zu erschwinglichen Preisen die *Ferienkurheime der Lebensabendbewegung e. V. (LAB)* an. Nähere Angaben über Lage der Kurheime, Termine und Kosten können von der Heimbetriebsgesellschaft der LAB, Burgfeldstraße 17 in 3500 Kassel-Wilhelmshöhe, erfragt werden.

Preiswerte *Kuren im Ausland,* vor allem in Kurorten in Rumänien und Jugoslawien, werden seit vielen Jahren regelmäßig als Flugreisen vom Bundesverband der *Arbeiterwohlfahrt e. V.* durchgeführt. Die Anschrift für weitere Informationen hierzu lautet: Postfach 1149, 5300 Bonn 1.

Langzeitaufenthalte in warmen Gegenden werden inzwischen von vielen älteren Bürgern genutzt, die den Strapazen eines Winters in unseren Breiten für einen Monat oder noch länger entgehen wollen. Anbieter sind hier kommerzielle Reiseveranstalter, die sich bei diesen Winteraufenthalten jedoch zunehmend auf die speziellen Bedürfnisse der Älteren eingestellt haben und durch sogenannte Animateure eine Vielzahl von Freizeitangeboten bereithalten. Zuweilen wird in diesem Zusammenhang auch kritisch über den "Rummel auf Mallorca" gesprochen, doch offensichtlich bekommt dieser "Rummel" einer Vielzahl der Älteren gut. Wenn diese Ferienform auch nicht gerade jedermanns Sache sein mag, so verbindet sie unzweifelhaft sorglose Tage mit Komfort in einem angenehmen Klima zu einer Jahreszeit, die älteren Menschen daheim oft Schwierigkeiten macht.

Sonderangebote für Senioren in der Vor- und Nachsaison werden von einzelnen Kur- und Erholungsorten im Inland wie dem benachbarten Ausland oder aber auch von ganzen Fremdenverkehrsverbänden gemacht. Auch hierbei gibt man sich in der Regel besondere Mühe mit Anregungen für die Freizeit und entsprechenden Veranstaltungen.

Immer beliebter werden *Austauschferien* zwischen den älteren Bürgern in Partnerstädten oder zwischen Partnerclubs — oft ebenfalls mit dem Ausland. Ferienaufenthalte dieser Art sind nicht nur besonders anregend, sondern meist auch preiswert, da man vorwiegend in Privatfamilien zu Gast ist.

Sprachferien und Bildungsreisen veranstalten nicht nur Reisebüros, sondern häufig auch Volkshochschulen und andere Stätten der Erwachsenenbildung. Meist werden dazu Einführungsvorträge oder -seminare angeboten, so daß die Teilnehmer sich schon vorher darauf einstellen und um so mehr mit nach Hause bringen können.

Aber auch wer eine Fremdsprache erlernt, kann seine Kenntnisse auf einer Auslandsreise üben. Deshalb veranstalten Volkshochschulen solche Reisen öfter auch für Teilnehmer an Sprachkursen.

Reisen in die DDR werden häufig von Bürgern unternommen, die "drüben" Verwandte besuchen, doch inzwischen gibt es auch Möglichkeiten, dort einen Urlaub zu verbringen, ohne daß man Verwandte in der DDR hat, z. B., wenn man über ein Reisebüro bucht. Allerdings müssen dabei bestimmte Vorschriften beachtet werden, über die — nach dem jeweils geltenden Stand — die *Bundesanstalt für gesamtdeutsche Aufgaben,* Adenauerallee 10, 5300 Bonn 1, Informationsblätter herausgibt, die man dort anfordern kann.

Diabetiker und andere behinderte ältere Bürger sind bei Urlaubsaufenthalten auf besondere Hilfe wie z. B. entsprechende Diät, Lift und sonstige Einrichtungen angewiesen. Diabetiker können sich über passende Angebote bei *Deutsche Diabetiker-Touristik,* Alte Freiheit 26 in 5600 Wuppertal 1, informieren. Für Behinderte gibt die *Bundesarbeitsgemeinschaft Hilfe für Behinderte e. V.,* Kirchfeldstraße 149, 4000 Düsseldorf, einen Ferienführer heraus, der genaue Angaben über geeignete Hotels und Pensionen enthält. Dort erhält man auch eine Liste von Organisationen, die Gruppen- oder Einzelreisen für Behinderte organisieren. Auch die Fremdenverkehrszentralen der Bundesländer (z. B. die Landeszentrale für Fremdenverkehr Hessen) sind zunehmend bemüht, Informationsmaterial für Behinderte zu erstellen.

Beispiele aus der Praxis:

Ein "Altentreffpunkt" im *Schwarzwald,* der für die Besucher ein umfangreiches Freizeitangebot bereithält, hat Kontakte zu einem Partnerclub in der Schweiz aufgenommen.

Die Bewohner eines Altenheims in *Stockach* in Baden haben die Möglichkeit, im Ferienaustausch zur Partnerstadt La Roche-sur-Foron in Frankreich zu reisen.

Die Volkshochschule *Hattingen/Ruhr* veranstaltete für ihre Englisch-Interessenten eine Englandreise. In Dia-Vorträgen wurden die Teilnehmer auf die Reise vorbereitet.

Ein *Berliner* Bezirksamt bietet seinen älteren Mitbürgern neben den bisher üblichen Reiseveranstaltungen die Mitgliedschaft im sogenannten "Zugvogel-Club" an. Für einen Jahresbeitrag von 30,– DM haben Kurzentschlossene die Möglichkeit, an Reisen teilzunehmen, die von anderen abgesagt wurden. Sie erhalten dafür einen 15- bis 50prozentigen Nachlaß auf den ursprünglichen Reisepreis.

Die Stadt *Bonn* bietet interessierten älteren Bürgern an, mehrere Wintermonate z. B. in Camberg im Taunus zu verbringen. Jeden Monat einmal bringt ein Bus die Teilnehmer zu einer Stippvisite nach Bonn zurück, damit sie in ihrer Wohnung nach dem Rechten sehen können.

Senioren-Pauschalangebote kommen oft auch von örtlichen Verkehrsämtern. Die nordhessische Kleinstadt *Spangenberg* zum Beispiel richtete im Rahmen eines solchen Angebotes in der Gemeindebücherei eine Großdruckabteilung für sehbehinderte Feriengäste (aller Altersstufen) ein, bietet kostenlose Schwimmkurse an und lädt zum "Buddeln" nach Ammonshörnern ein, wofür der Bürgermeister persönlich einen "Schürfpaß" für Hobby-Geologen ausstellt.

Der Verein "Alter ohne Angst" in *Bremerhaven* lud ältere Bürger aus München ein, um sich über die dortigen Aktivitäten zu informieren. Zehn Gäste tauschten mit den Vereinsmitgliedern Erfahrungen aus und besuchten gemeinsam Einrichtungen für Ältere. Während des fünftägigen Aufenthaltes hatten die Gastgeber Privatquartiere zur Verfügung gestellt.

Der Reisedienst der Rentnervereinigung "Kompanie des guten Willens", *INTERSENIOR-REISEN,* Enneper Straße 87 in 5800 Hagen-Haspe, bietet jedes Jahr ein reichhaltiges Programm für das In- und Ausland sowohl für Einzelreisende als auch für ganze Gruppen an. Unter anderem veranstaltete der Dienst bereits mehrmals in den Weihnachtswochen Einkaufs-Reisen zum Kurfürstendamm in Berlin.

"Urlaub für Großeltern und Enkel" hat schon mehrfach das *Familien-Ferien-Werk e. V.,* Georgstraße 20, 5000 Köln, erfolgreich durchgeführt. Für die gemeinsamen Ferientage werden Familien-Ferienstätten ausgewählt, in denen die Kinder halbtags von Mitarbeitern der Einrichtung betreut werden, so daß den Großeltern auch Zeit für sich selbst zur Verfügung bleibt.

Die Schweiz bietet seit einigen Jahren den Inhabern des Seniorenpasses der Bundesbahn preisgünstige Hotelferien. Über das gerade geltende Angebot "Saison für Senioren" informiert das *Schweizer Verkehrsbüro,* Kaiserstraße 23, 6000 Frankfurt/M.

9. Bildungsangebote

Auch die Erwachsenenbildung widmet sich zunehmend dem älteren Menschen. Örtliche Volkshochschulen, Heim-Volkshochschulen und Akademien bis hin zu Universitäten sind hier zu nennen — allerdings mit zum Teil recht unterschiedlichen Angeboten. Da Kurse für handwerkliche und künstlerische Hobbys zuvor schon erwähnt wurden, soll an dieser Stelle vorwiegend von geistiger Betätigung die Rede sein.

Beispiele für spezielle Bildungsseminare an örtlichen Volkshochschulen:

Die Kreisvolkshochschule *Osterode* führte in einem Seniorenzentrum in Bad Sachsa mehrfach Veranstaltungen durch. Ein Höhepunkt war z. B. das Wochenendseminar "Musik hören — Musik verstehen".

Das "Senioren-Hobby-Programm" der Volkshochschule *Kempten im Allgäu* bietet unter anderem Kurse in Englisch, Französisch und Italienisch — jeweils für Anfänger und Fortgeschrittene — an. Der Unterricht ist speziell auf die älteren Teilnehmer abgestellt.

In der Doppelstadt *Villingen-Schwenningen* im Schwarzwald gibt es eine Senioren-Volkshochschule als selbständige Einrichtung. Mitarbeiter und der größte Teil der Dozenten gehören selbst zur älteren Generation, die Arbeit wird ehrenamtlich geleistet.

Die Volkshochschule *Flensburg* führt neben Sprach- und Vortragsangeboten Gesprächskreise für Ältere im Programm, die sich mit landes- und kommunalpolitischen Themen befassen, zum Teil in Verbindung mit Informationsfahrten. Andere Halb- und Ganztagsfahrten informieren über Landschaft, Kultur und Geschichte von Flensburg und Umgebung.

Ein Seminar des Seniorenprogramms der Volkshochschule *München* vermittelte unter dem Titel "Wir und die jüngere Generation" Verständnishilfen für Großeltern. Es wurde von einem ehemaligen Schulpsychologen, der selbst siebenfacher Großvater war, geleitet.

Die Kreisvolkshochschule *Viersen* bot in mehreren Bereichen "Kurse zum Kennenlernen" an, um die Scheu vor dem Betreten der Einrichtung zu verringern. Die Interessenten konnten an einem ersten Nachmittag sich über den jeweiligen Kurs informieren und sich dann erst entscheiden, ob sie daran teilnehmen wollten.

Die Kreisvolkshochschule *Osnabrück* ist eine der ersten, die sich systematisch der Seniorenbildung gewidmet hat und dabei von den wissenschaftlichen Ergebnissen der Altersforschung ausgegangen ist. Sie hat sich seit vielen Jahren besonders auch der Weiterbildung der Mitarbeiter in diesem Bereich angenommen.

Örtliche Volkshochschulen haben öfters einen speziellen Veranstaltungsteil für ältere Bürger. Er erstreckt sich hauptsächlich auf die Bereiche Fremdsprachen, Kunstgeschichte, Literatur, Zeitgeschehen und Psychologie des Alltags. Die separat für Ältere angebotenen Veranstaltungen und Kurse berücksichtigen günstigere Veranstaltungszeiten, z. B. vormittags und nicht nur in den Abendstunden. Weiter gehen sie von einer für ältere Teilnehmer günstigeren Lerntechnik aus. Ältere lernen z. B. besser, wenn ihnen ein Stoff im Sinnzusammenhang geboten wird (jüngere Menschen dagegen tun sich beim "Büffeln" und "Einpauken" ohne Sinnzusammenhang noch etwas leichter). Auch in diesem Bereich arbeiten die örtlichen Volkshochschulen häufig mit Begegnungsstätten der Wohlfahrtsverbände, Altenclubs usw. zusammen. Die Teilnehmer an solchen Kursen müssen daher nicht immer unbedingt die Volkshochschule aufsuchen, sondern die Volkshochschule kommt nach vorheriger Absprache auch zu ihrem gewohnten Treffpunkt "ins Haus", wenn es sich räumlich und personell einrichten läßt.

Heimvolkshochschulen und vergleichbare Akademien sind mit Übernachtungsmöglichkeiten bzw. Gästezimmern auf mehrtägige Seminare eingestellt, bei denen meist ein bestimmter Themenkreis durchgearbeitet wird. Auch hier gibt es ganz auf Ältere abgestellte Angebote wie z. B. "Der ältere Mensch und unsere Gesellschaft", "Älter werden — aktiv bleiben", "Fragen und Probleme im Ruhestand", "Altern — Aufgabe und Möglichkeiten" bis hin zu Themen aus dem Bereich der politischen Bildung.

Senioren-Seminare über mehrere Tage veranstalten mehr oder weniger regelmäßig z. B. die folgenden Einrichtungen:

Evangelisches Seniorenbildungswerk Haard e. V., Haardgrenzweg 338, 4354 Oer-Erkenschwick;
Der Sandkrughof, Akademie für Lebens- und Freizeitinhalte, 2058 Lauenburg/Elbe;
Akademie am Meer, Klappholttal, 2282 List auf Sylt;
Heimvolkshochschule Leck, Flensburger Straße 18, 2262 Leck;
Evangelische Akademie Bad Boll, 7325 Bad Boll;
Evangelische Akademie Haus der Begegnung, Uhlenhorstweg 29, 4330 Mülheim/Ruhr;

Internationaler Arbeitskreis Sonnenberg, 3424 St. Andreasberg/Harz, Geschäftsstelle: Bankplatz 1, 3300 Braunschweig;
Gustav-Stresemann-Institut für übernationale und europäische Zusammenarbeit Haus Lehrbach, 5060 Bergisch Gladbach.

Regelmäßig Seminare für politisch interessierte ältere Bürger werden auch von den *Landeszentralen für politische Bildung* angeboten, so z. B. in Hessen (Postfach 32 20, 6200 Wiesbaden) unter dem Titel "2mal Deutschland" mit den Themen "Die Familie in Ost und West", "Alters- und Gesundheitssicherung hier und in der DDR" und "Die Rolle und Funktion der Medien in der DDR und bei uns".

Örtliche Alten- bzw. Seniorenakademien hat es zuerst in Frankreich und in der Schweiz gegeben. Sie bieten Kurse an, die jeweils ein oder mehrere Semester dauern und von den Teilnehmern eine beständige Lernbereitschaft fordern. Sie können einer Volkshochschule oder vergleichbaren Erwachsenenbildungsstätten angeschlossen sein oder auch als Teil einer Universität bestehen. Wichtig ist jedoch, daß Ältere auch ohne besondere Schulbildung hier mitmachen können und willkommen sind.

Universitäten und Hochschulen sind dem älteren Bürger zwar nicht verschlossen, er lernt dort allerdings mit der Jugend zusammen und muß sich dem gegebenen Tempo anpassen. Andererseits kann es viel Freude machen und neue Bestätigungen bringen, mit jungen Menschen ein gemeinsames Ziel zu verfolgen. Als *Gasthörer* wird man in den meisten Bundesländern ohne weiteres zugelassen, allerdings sollte man nicht gerade ein Numerus-clausus-Fach wählen. Nur an Universitäten und Hochschulen in Bayern wird auch von Gasthörern ein Abiturzeugnis — in Ausnahmefällen Realschulabschluß — als Voraussetzung für die Zulassung verlangt. Will man ein *regelrechtes Studium* beginnen, so ist das in der Bundesrepublik heute unabhängig vom Datum des Abiturzeugnisses möglich. Man muß sich jedoch den gleichen Zulassungseinschränkungen wie die junge Generation unterwerfen, falls man ein sehr überlaufenes Fach im Sinn haben sollte. Ein älterer Mensch wird aber wohl kaum darauf aussein, einem jungen Menschen den begehrten Studienplatz wegzunehmen. Man muß ja nicht unbedingt Medizin oder Zahnmedizin studieren.

Folgende Senioren-Akademien gehen nach *Semestern* vor:

Altenakademie Dortmund, Emil-Figge-Straße 50, 4600 Dortmund 50. Behandelt werden Fragen des Älterwerdens in den Bereichen

Philosophie, Psychologie, Soziologie und Pädagogik. Wer will, kann sich dort zum Mitarbeiter in Senioreneinrichtungen — zum sogenannten Animateur — ausbilden lassen.

Soziokulturelles Grundstudium an der Abendakademie Mannheim, Postfach 15 07, 6800 Mannheim, über sechs Semester, Mindestalter 55 Jahre, mit schriftlichen und mündlichen Prüfungen.

Akademie der älteren Generation des Katholischen Bildungswerkes, Jabachstraße 4–8, 5000 Köln 1, mit Themen aus Geisteswissenschaft und Technik.

Weiter haben die Universitäten Kassel, Marburg und Gießen damit begonnen, einen speziellen Bildungsbereich für Senioren aufzubauen.

Da insgesamt auf diesem Gebiet die Dinge zunehmend in Bewegung geraten, kann die Liste dieser Anschriften keinen Anspruch auf Vollständigkeit erheben. Soweit es sich um Einrichtungen handelt, die mit Universitäten bzw. Hochschulen in Zusammenhang stehen, empfiehlt sich daher eine Anfrage beim Kultusministerium des jeweiligen Bundeslandes.

Etwas für andere tun

Eine Armee von freiwilligen Helfern

Nach einer Erhebung im Bereich der Wohlfahrtsverbände wird die Zahl der freiwilligen Helfer und ehrenamtlichen Mitarbeiter dort auf zwei Millionen geschätzt — eine imponierende Zahl. Gäbe es diese Armee von Helfern nicht, so könnten viele Hilfen nicht angeboten und so mancher "Dienst am Nächsten" nicht geleistet werden. Sie alle setzen für ihre ehrenamtliche Tätigkeit einen Teil ihrer freien Zeit ein, und gar nicht selten finden sich unter ihnen ältere Hausfrauen, Rentner und Pensionäre. Das Mehr an freier Zeit, über das sie verfügen, ist es aber nicht allein: Sie haben sich eine Aufgabe gewünscht und gesucht, die ihrem Leben einen neuen Sinn gibt, und sie wollten es dabei mit Menschen zu tun haben.

Ehrenamtliche Mitarbeiter finden sich aber auch noch in vielen anderen Bereichen: in Vereinen, in Bürgerinitiativen, bei Ausschüssen im Gemeinde- und Stadtbereich bis hin zu ausgesprochenen Ehrenämtern. Es gibt Tätigkeiten, die neben Verantwortung mit Ansehen verbunden sind, und es gibt solche, die allein um der inneren Befriedigung und der Sache willen getan werden.

Da trafen wir bei der Besichtigung eines neuen Altenheims im eben angelegten Garten einen Mann im Rollstuhl, der mit einem spitzen Stock die Disteln aus dem keimenden Rasen stach. Der Heimleiter hatte ihm vor seinem Einzug in das Heim versichern müssen, daß er sich eine Betätigung suchen dürfe — sonst, hatte er erklärt, werde er gar nicht erst kommen. Uns Besuchern fiel dabei ein, daß das Recht auf Arbeit ja auch in unserer Verfassung verankert ist. Der Mann im Rollstuhl wollte sich dieses Recht nicht nehmen lassen und sich nicht auf das Betreutwerden beschränkt sehen. Im Tätigsein für das Heim und damit für die Allgemeinheit sah er offensichtlich einen Bestandteil seiner Würde als Mensch.

Freiwillig helfen — was hat man davon?

Jemand hat einmal gesagt: "Helfen macht glücklich, auch die Helfer." Das ist in den meisten Fällen sicher richtig, aber wo sind die tieferen Ursachen dafür zu finden? Offenbar liegt eine große Befriedigung darin, sich für andere, oft schwächere Menschen einzusetzen und dazu beizutragen, ihre Situation zu verbessern. Das entspricht einer christlichen Einstellung, doch die gleiche Befriedigung empfinden auch Menschen, die wenig oder gar nicht religiös gebunden sind. Helfen und ehrenamtliche Tätigkeiten stellen uns gleichzeitig vor neue Aufgaben, fordern so etwas wie eine Bewährungsprobe. Wenn man diese Probe besteht und anfängliche Schwierigkeiten überwindet, dann gewinnt man an Selbstvertrauen. Man merkt, daß man von Nutzen ist und gebraucht wird. Gerade eine solche Erfahrung ist in unserer Gesellschaft wichtig, sie befriedigt mehr als ein Allerwelts-Dankeschön und ist daher für ältere Menschen von besonderer Bedeutung.

Dazu kommt als weiterer wichtiger Punkt, daß man ein neues soziales Umfeld kennenlernt und neue Bekannte — vielleicht sogar Freunde — gewinnt. Der ältere freiwillige Helfer, wo immer er hilft, entgeht der Gefahr einer Vereinsamung und tritt wieder mitten ins Leben. Allerdings handelt es sich um ein ganz anderes Leben, als er es gewohnt war, auch solange er noch berufstätig war.

Der Neuling unter den freiwilligen Helfern betritt ein für ihn meist völlig neues Gebiet, und dazu ist — nicht zuletzt — auch eine Portion Courage nötig. Bewußt sage ich hier "Courage" anstelle von "Mut". Brecht hat sein berühmtes Theaterstück auch nicht "Mutter Mut" genannt, sondern "Mutter Courage". Im eingedeutschten Sprachgebrauch heißt "couragiert sein" ja auch gleichzeitig mehr als nur "mutig" sein. Es schließt auch Unerschrockenheit vor Behörden und Menschen ein ("Zivilcourage"), und es meint auch Beweglichkeit und Anpassungsfähigkeit. Wer couragiert ist, wirft die Flinte nicht so schnell ins Korn, er läßt sich auch dann noch etwas einfallen, wenn andere den Mut und die Hoffnung sinken lassen. Genau darauf aber kommt es bei den freiwilligen und ehrenamtlichen Helfern an — und gerade das macht viele Helfer glücklich, wenn sie erkannt haben: Sie können unabhängig von einem Vorgesetzten, unabhängig von vielen Vorschriften (einige bleiben auch für sie) ihre eigene Persönlichkeit einsetzen und unter Umständen mehr für ihre Schützlinge erreichen, als das auf dem festgefahrenen Amtsweg manchmal möglich wäre.

Muß der Helfer unentgeltlich arbeiten?

Diese Frage läßt sich nicht einfach mit Ja oder Nein beantworten. Während der eine freiwillige Mitarbeiter vielleicht entrüstet jegliche Vergütung von sich weisen würde, kann ein anderer darauf angewiesen sein, daß man ihm wenigstens den Aufwand erstattet, der für ihn selbst entsteht — z. B. Fahrgeld, Telefonkosten und ähnliches. Es darf auch nicht verkannt werden, daß unter den Helferinnen — die Frauen sind weit in der Mehrzahl — immer einige sein werden, die selbst nur eine geringe Rente haben und deshalb an einer Aufbesserung ihres Einkommens mit interessiert sein müssen.

Vorsicht bei Dankbarkeit

Ein Mensch, dem in irgendeiner Form eine Hilfe zuteil wird, hat meist auch das Bedürfnis, dem Helfer dafür dankbar zu sein. Darf aber ein Helfer in jedem Fall Dankbarkeit voraussetzen?

Keine leichte Frage. Menschen, die dankbar sind, ermutigen uns gleichzeitig ja auch, sie laden gewissermaßen die Batterie für unseren Motor der Hilfsbereitschaft wieder neu auf. Niemand kann immer nur anderen etwas geben, er darf auch von ihnen nehmen. Nur sollte Dankbarkeit niemals die einzige Energiequelle oder der unverzichtbare Betriebsstoff für freiwillige Mithilfe im sozialen Bereich oder für eine ähnliche ehrenamtliche Mitarbeit sein. Auch Dankbarkeit ist eine Regung, die sich freiwillig äußert — und keine Schuldverschreibung, auf die ein Anspruch besteht.

Wer es mit einer Tätigkeit als freiwilliger Helfer ernst meint, sollte sich darüber vorher Rechenschaft ablegen und die Erwartungen nicht zu hoch ansetzen. Dazu kommt, daß es nicht jedem Menschen gegeben ist, seine Empfindungen auszusprechen — auch dann nicht, wenn er zutiefst dankbar ist. Was statt dessen dem Helfer zugute kommen kann, ist sein — wachsendes — Verständnis für die Vielfalt der Eigenarten und Möglichkeiten der ihm anvertrauten Menschen. Je mehr er versteht, desto weniger wird er sich vorschnell dazu verleiten lassen, Menschen mit einem Stempel pauschal zu bewerten.

Eigene Fähigkeiten und Kenntnisse verwerten

In vielen Fällen wird es möglich sein, Voraussetzungen zu nutzen, die der freiwillige Helfer bereits mitbringt. Dabei kann es sich um Kenntnisse und Fähigkeiten aus dem ehemaligen Berufsleben handeln, aber auch um eine durch Lebenserfahrung gewonnene Findigkeit, ein Gespür für noch mögliche Wege, auf denen man sich für andere einsetzen kann. Warum sollte z. B. ein ehemaliger Lehrer nicht in einem Schularbeitenzirkel für Kinder von Gastarbeitern mitwirken? Die frühere Behördenangestellte kann in einer Beratungsstelle für ältere Bürger, und die Großmutter, deren eigene Enkel weiter entfernt wohnen, als "Wahl-Omi" in einer anderen Familie neue Aufgaben übernehmen.

Wer sich eine neue Aufgabe im sozialen Bereich wünscht, sollte sich daher zuerst einmal fragen, mit welchen Kenntnissen und Fähigkeiten er anderen von Nutzen sein könnte und was davon ihm besonders Freude machen würde oder seinen Interessen entgegenkommt. Danach sollte er sich die nächste entscheidende Frage stellen:

Wieviel Zeit soll man verwenden?

Eine ehrenamtliche Tätigkeit soll nicht abhängig vom Achtstundentag machen — das wäre ein "Rückfall" in den beruflichen Alltag mit all seinen festgeschriebenen Regeln. Der freiwillige Helfer hat im Gegenteil die Chance, selbst zu bestimmen, wie oft und wie lange er einspringen will. Wichtig ist, daß man sich nicht gleich zu Beginn zuviel zumutet. Voraussetzung sollte sein, daß die Tätigkeit klar umrissen und auf bestimmte Stunden beschränkt ist. Wenn man sich entschlossen hat, mitzuwirken, kommt es darauf an, die eingegangenen Verpflichtungen auch einzuhalten, und das fällt mit Sicherheit leichter, wenn man die beiden vorher genannten Voraussetzungen berücksichtigt hat.

Wo werden Helfer und ehrenamtliche Mitarbeiter gebraucht?

Ein Blick in die Praxis zeigt, daß ältere freiwillige Helfer häufig in der Altenhilfe und in der Arbeit mit älteren Menschen tätig sind. Das überrascht nicht, denn einmal gibt es dort viel zu tun, und zum anderen wissen ältere Menschen oft aus eigener Erfahrung, wie es einem in einer Notlage zumute ist.

Daneben gibt es aber auch viele, die für den "Dienst am Mitmenschen" zugunsten des Gemeinwohls bestimmte Aufgaben übernehmen oder eigene Unternehmungen starten, die ebenso den Jungen wie den Alten zugute kommen können. Oder sie berücksichtigen bestimmte Gruppen, die Not leiden und Hilfe benötigen. Manchmal greifen beide Bereiche auch ineinander. Die folgende Übersicht, die anschließend im einzelnen behandelt wird, gibt einen Einblick in die Vielseitigkeit und Vielschichtigkeit der freiwilligen und ehrenamtlichen Tätigkeiten älterer Bürger:

1. Mitarbeit in Altenclubs, Altenbegegnungsstätten und bei anderen Freizeitangeboten für Ältere
2. Mitarbeit bei "mobilen Diensten" und Nachbarschaftshilfen

3. Besuchsdienste bei alleinlebenden älteren Menschen
4. Besuchsdienste im Altenheim und Krankenhaus
5. Babysitter-Hilfsdienste und "Wahl-Omis"
6. Mitarbeit in Beratungsstellen, Helfen in Behördenangelegenheiten
7. Mitarbeit in Reparaturdiensten
8. Mitarbeit in Bürgerinitiativen
9. Übernahme von Ehrenämtern
10. Noch mehr Anregungen und Initiativen

Grundsätzlich muß dabei vorausgeschickt werden, daß ehrenamtliche Aufgaben und freiwillige Tätigkeiten sich nicht immer nach bestimmten Merkmalen säuberlich in getrennte Fächer einordnen lassen, sondern häufig ineinander übergehen oder eigentlich mehrfach aufzuführen wären. Ehrenamtliche Helfer leisten Dienst am Menschen, oft am ganzen Menschen, und so vielfältig wie die Probleme der Menschen in unserer Zeit, so vielseitig und individuell stellt sich auch das Kaleidoskop der Hilfsmöglichkeiten dar.

Aus dieser Aufstellung geht jedoch schon hervor, daß es sich sehr oft um Mitarbeit in bereits bestehenden Diensten oder Organisationen handelt. Wie kann man erfahren, ob es am eigenen Wohnort — oder vielleicht in der Nähe — eine solche Organisation gibt?

Hier kann — ebenso wie im Bereich der Freizeitangebote — meist das Sozialamt der Stadt oder des Kreises, der für den Wohnort zuständig ist, Auskunft geben. Ebenso die nachfolgend genannten Verbände der freien Wohlfahrtspflege, denn sie haben durch das Bundessozialhilfegesetz (abgekürzt BSHG) den Auftrag, Maßnahmen der sozialen Hilfen — auch der Hilfen für alte Menschen — mit Vorrang einzuleiten. Die aufgezählten sogenannten "Spitzenverbände" haben allerdings zum Teil auch Mitgliedsvereinigungen, die eine ganz andere Bezeichnung tragen. Das kommt daher, daß die Finanzämter eine — z. B. kleinere — Vereinigung nur dann als gemeinnützig (d. h. steuerfrei) anerkennen, wenn sie Mitglied in einem dieser "Spitzenverbände" ist. Bevor eine solche Vereinigung aber dort als Mitglied aufgenommen wird, muß sie sich gewissermaßen eine Prüfung auf Herz und Nieren gefallen lassen, die auch die Finanzbehörden befriedigt. Sie darf aber danach unter ihrer ursprünglichen Bezeichnung weiterarbeiten, obwohl sie zu einem der großen Wohlfahrtsverbände gehört.

Der Spitzenverband mit dem größten "Sammelbecken" ist in der Bundesrepublik der Deutsche Paritätische Wohlfahrtsverband (abgekürzt DPWV), wobei das Beiwort "paritätisch" besagt, daß alle seine Mitglieder unter seinem Dach die gleiche Wertigkeit besitzen, obwohl sie aus vielerlei idealistischen Motiven handeln können. So sind z. B. der Arbeitersamariterbund wie auch die Heilsarmee in der Bundesrepublik Mitglied im DPWV, dazu eine Vielzahl von anderen (oft nur örtlich bedeutsamen) Vereinigungen.

Bei den beiden großen konfessionellen Wohlfahrtsverbänden — Deutscher Caritasverband und Diakonisches Werk — sind die sozialen Aktivitäten der örtlichen Kirchengemeinden meist mit einbezogen, ohne daß man deshalb eine separate Dienststelle dieser Verbände immer im Telefonverzeichnis finden kann. Interessenten an ehrenamtlicher Mitarbeit, die wissen wollen, wo sich in ihrer Stadt oder in ihrer Umgebung eine "Zweigstelle" bzw. ein Ortsverband des jeweiligen Spitzenverbandes befindet, können sich bei den folgenden Adressen erkundigen:

— Arbeiterwohlfahrt Bundesverband e. V., Postfach 1149, 5300 Bonn 1;
— Deutsches Rotes Kreuz, Generalsekretariat, Friedrich-Ebert-Allee 71, 5300 Bonn 1;
— Deutscher Caritasverband, Karlstraße 40, 7800 Freiburg;
— Diakonisches Werk der Evangelischen Kirche in Deutschland, Stafflenbergstraße 76, 7000 Stuttgart 1;
— Deutscher Paritätischer Wohlfahrtsverband, Wilhelm-Polligkeit-Institut, Heinrich-Hoffmann-Straße 3, 6000 Frankfurt/M. 71;
— Zentralwohlfahrtsstelle der Juden in Deutschland, Friedrich-Hebel-Straße 17, 6000 Frankfurt/M. 1.

Diese Dienststellen können auch weitere Tips für eine ehrenamtliche Mitarbeit in ihrem Bereich geben, sie halten Informationsmaterial und Werbeschriften bereit, z. B. vom Deutschen Roten Kreuz "Vorschläge für Jedermann zur Mitarbeit in Rotkreuz-Gemeinschaften" und anderes.

1. Mitarbeit in Altenclubs, Altenbegegnungsstätten und anderen Freizeitangeboten für Ältere

Die Möglichkeiten der Mitarbeit ehrenamtlicher Helfer in diesem Bereich sind besonders vielseitig. Die Altersforschung sowie die Praxis der Arbeit mit älteren Menschen haben nachgewiesen, daß das Ziel dieser Einrichtungen nicht darin liegen kann, die Älteren nur "zu betreuen" und über sie zu bestimmen, sondern daß es darauf ankommt, gemeinsam *mit ihnen* zu planen und zu handeln.

In Selbsthilfe-Organisationen älterer Menschen wie der Lebensabendbewegung e. V., den Alten- und Rentnergemeinschaften der Katholischen Arbeitnehmer-Bewegung und anderen ist es selbstverständlich, daß die Mitglieder selbst alle Aufgaben der Verwaltung übernehmen.

In Begegnungsstätten der Wohlfahrtsverbände und der Städte und Gemeinden dagegen tragen meist hauptamtliche — d. h. eigens dafür angestellte — Mitarbeiter die Verantwortung. Dabei kann es sich um staatlich anerkannte Altenpfleger, Sozialarbeiter oder Sozialpädagogen handeln, mit denen die ehrenamtlichen Helfer zusammenarbeiten. Diese Fachleute sind für ihre Arbeit ausgebildet und haben einen entsprechend hohen Kenntnisstand, während der ehrenamtliche Mitarbeiter am Beginn seiner Tätigkeit zunächst nur seine Bereitschaft zum sozialen Engagement und seine — nicht zu unterschätzende — Lebenserfahrung einbringt.

Der Helfer ist deshalb ganz besonders darauf angewiesen, seine Erfahrungen regelmäßig in einer dafür bestehenden Gruppe durchzusprechen und Hinweise zu erhalten, die ihm von Nutzen für seine Tätigkeit sind und ihn ermutigen. Man spricht dann von "fachlicher Begleitung". Darüber hinaus bemühen sich besonders die Wohlfahrtsverbände, ihren ehrenamtlichen Helfern auch Weiterbildungsseminare anzubieten, damit sie ihre Kenntnisse auf vielfachen Gebieten erweitern und ihre Fähigkeiten noch besser einsetzen können. Grundsätzlich kommt es jedoch darauf an, einzusehen, daß ehrenamtliche und hauptamtliche Mitarbeiter aufeinander angewiesen sind und nicht miteinander konkurrieren sollten.

Vom Kaffeekochen bis zur Filmvorführung

Am nächsten liegt es, dort zu helfen, wo sich ältere Menschen regelmäßig treffen. Der Alltag einer Begegnungsstätte gibt dazu viele Gelegenheiten: Kaffee kochen, eventuell Kuchen backen, Geschirr spülen, für Sauberkeit und Ausgestaltung der Räume sorgen, Getränkekasse verwalten, Bücherausleihe-Kartei führen, Schlüsseldienst übernehmen und ähnliches. Bei täglich anfallenden Aufgaben sollten sich abwechselnd mehrere Helfer darin teilen, damit die zeitliche Belastung für einen einzelnen nicht zu groß wird.

Hinzu kommt die Bedienung technischer Geräte, für die am besten ebenfalls bestimmte Personen zuständig sein sollten: Plattenspieler, Radio, Kassettenrecorder, Fernsehgerät eventuell in Verbindung mit einem Aufzeichnungsgerät (Videorecorder). Vielleicht steht sogar eine Videokamera zur Verfügung, mit der die Besucher selbst Filme drehen, schneiden und dann über das Fernsehgerät vorführen können. Oder es gibt ein Foto-Labor für Schwarzweißfilme, die dort entwickelt und vergrößert werden können und für das ein(e) Besucher(in) die Verantwortung übernimmt. Inzwischen ist längst erwiesen, daß Frauen keineswegs ungeeignet für den Umgang mit technischen Geräten sind — daß sie aber auf diesem Gebiet einen verständlichen Nachholbedarf haben und schnell noch nicht vorhandene Fähigkeiten dazuerwerben. Da die Herren im Bereich der Freizeitangebote oft "Mangelware" sind, wäre sonst manches nicht durchzuführen.

Sehr erwünscht ist die Beteiligung der Besucher von Altenclubs und Begegnungsstätten an der Programmgestaltung. Doch nicht überall kommen spontan Vorschläge aus ihren Reihen — und die "Offiziellen" fordern auch nicht immer mit Nachdruck dazu auf. Vielleicht haben diese die Erfahrung gemacht, daß solche Aufforderungen kein oder kaum ein Ergebnis gebracht haben, daß man es lieber ihnen überließ, ein fertiges Programm vorzulegen. Oft fehlt es den Besuchern an Mut, sich mit eigenen Vorstellungen "hervorzuwagen".

Diese Scheu, zu einer Angelegenheit, die unmittelbar einen selbst betrifft, gewissermaßen "öffentlich" Stellung zu nehmen, dürfte sich jedoch bei den nachrückenden Generationen der Älteren mehr und mehr verlieren. Teilnehmer, die sich zum Sprachrohr für nur heimlich geäußerte Programmvorschläge oder -einwände machen, sind deshalb auch den "Programm-Machern" willkommen. Auch sie können sich schließlich die Übereinstimmung mit ihrem Publikum und das gemeinsame Vorgehen nur wünschen.

Und warum schließlich sollten die Älteren nicht eine ganze Veranstaltung, ein Fest oder eine Jubiläumsfeier, einmal aus eigener Kraft und nach eigenen Ideen organisieren? Warum sich nicht zu einer Gruppe, zu einem

"Team", zusammentun und einmal frisch darauf los Ideen entwickeln? Eine(r) muß vielleicht nur den Anstoß geben!

Eine andere Aufgabe für freiwillige Helfer ist, sich um neue Besucher zu kümmern oder Außenstehende einzuladen, sie für den Besuch der Begegnungsstätte zu gewinnen. Gerade diejenigen, die es am nötigsten hätten, aus ihrer Vereinsamung herauszukommen, finden aus eigener Kraft meist nicht den Weg in eine Begegnungsstätte — sie brauchen den Anstoß, die Aufforderung von draußen. Überwiegend handelt es sich dabei um ältere alleinstehende Frauen, die ein geringes Einkommen und damit nur wenig soziale Bewegungsfreiheit haben. Ihre Erfahrungen mit Umwelt und Mitmenschen haben sie oft besonders mißtrauisch gemacht. Zu ihnen Zugang zu finden, kann deshalb sehr schwierig sein. Helfer, die sich um diese Gruppe vereinsamter alter Menschen bemühen, müssen deshalb dafür geeignet und durch Fortbildungsmaßnahmen darauf vorbereitet sein.

In jeder Begegnungsstätte gibt es Besucher, die über berufliche Kenntnisse oder aber Erfahrungen mit einem Hobby verfügen, die auch für die anderen interessant sein können. Diesen Vorteil gilt es zu nutzen. Erstens freut sich jeder, anderen von seiner Berufs- oder Hobbywelt zu erzählen, zweitens kommt keine Langeweile auf, drittens dämmt es die Tendenz zur Biertischatmosphäre ein.

Warum also nicht einmal im größeren Kreis darüber berichten? Von der gemeinsamen Diskussion besonderer Erlebnisse bis hin zum Dia-Vortrag über eine interessante Ferienreise ist hier ein weitgespanntes Feld. Aber auch der erfolgreiche Hobby-Gärtner ist mit praktischen Anleitungen und Tips ebenso gefragt wie die ehemalige Handarbeitslehrerin mit einem Kurs im Spitzenklöppeln oder die Bibliothekarin a. D. mit einem Bericht über die Benutzung öffentlicher Bibliotheken — z. B. mit anschließender Führung durch die Stadtbibliothek.

Grundsätzlich gilt im Bereich der ehrenamtlichen Mitarbeit auch, daß noch kein Meister vom Himmel gefallen ist. Gerade deshalb haben aber die Helfer — und besonders in Begegnungsstätten — die Chance der Weiterentwicklung. Über Fortbildungskurse kann z. B. das Zeugnis als Übungsleiter(in) für Gymnastik, Seniorentanz oder Bereiche des Werkens und Malens erworben werden. Auch wer mit einfachen Handreichungen anfängt, kann "aufsteigen" — obwohl Handreichungen oft besonders wichtig sind.

Beispiele aus der Praxis:

Im Altentreffpunkt *Ulm/Neu-Ulm e. V.* bestimmt die ältere Generation selbst die Planung und das Programm. Von den nahezu 1 000 Mitgliedern sind über 50 ehrenamtlich tätig. Sie bewirtschaften die eigene — und immer gut besuchte — Cafeteria, haben eine Fülle von Freizeitangeboten entwickelt und übernehmen alle anfallenden Aufgaben selbst, bis hin zur Leitung der einzelnen Hobbygruppen. In Fortbildungskursen speziell für ehrenamtliche Mitarbeiter können sie ihre Kenntnisse erweitern.

In *Unna in Westfalen* eröffnete die Stadt in einem historischen Gebäude, dem "Fäßchen", eine Altenbegegnungsstätte. Schon vor der Eröffnung richtete die Volkshochschule einen Kurs für ehrenamtliche Mitarbeiter(innen) ein, die für die kommenden Aufgaben im "Fäßchen" ausgebildet wurden. Es gibt im "Fäßchen" eine einfache Bewirtung, der Schwerpunkt liegt jedoch auf einer Vielzahl von Gruppenaktivitäten, die zum Teil von den Älteren selbst entwickelt wurden. Daneben besitzt das "Fäßchen" einen Haus-Beirat, der aus fünf von der Vollversammlung gewählten Besuchern, je einem Mitglied der im Stadtrat vertretenen Fraktionen und dem Pädagogischen Leiter des Hauses besteht. Der Vorsitz liegt bei einem der Besucher. Nach der Sitzung wirkt der Haus-Beirat bei den folgenden Aufgaben mit: Erstellung des Programms, bauliche Veränderungen, Anschaffungen, Verwendung von Spendengeldern, Angebot von Dienstleistungen, Gewinnung von ehrenamtlichen Helfern, Kontaktpflege zu anderen Einrichtungen und Aufstellung und Durchsetzung einer Hausordnung.

In *Köln-Junkersdorf* im Seniorenclub "Kontakt" tragen alle Mitglieder zum Gelingen der Treffen und den Erfolgen des Clubs bei, indem sie bestimmte Aufgaben wie z. B. Kaffeekochen, Verwaltung der Bücherei, die Buchhaltung, Mitgestaltung von Veranstaltungen usw. übernehmen.

In *Hannover* sind rund 150 ehrenamtliche Mitarbeiter im Bereich der städtischen offenen Altenhilfe tätig. Gut ein Drittel — Damen wie Herren — arbeitet als Clubleiter, ein weiteres Drittel leitet sogenannte Neigungsgruppen, die jeweils einem bestimmten Hobby nachgehen. 26 dieser Helfer haben sogar eine Doppelfunktion übernommen. Rund 60 weitere sind für Teilaufgaben in Altenclubs und Neigungsgruppen zuständig.

Die Stadt *Biberach an der Riß* besitzt im "Ochsenhausener Hof" eine Seniorenbegegnungsstätte in einem sorgfältig restaurierten historischen Gebäude. Das Haus wird in "bürgerschaftlicher Selbstverwaltung" geführt

— ein aus 15 ehrenamtlichen Mitgliedern bestehendes Kuratorium kümmert sich um Hausordnung, Programmgestaltung und entsprechende Aufgaben. Auch Bedienung und eventuell erforderliche Betreuung in den insgesamt 11 Räumen mit vielseitigen Freizeitangeboten wird von freiwilligen Helfern übernommen.

Selbst Altenheimbewohner können, wenn sie es wünschen, ehrenamtliche Aufgaben übernehmen, wie das Mörike-Heim in *Stuttgart* zeigt. Die Heimleitung stellte einmal zusammen, was dort von den alten Freiwilligen alles getan wird:
— sie verwalten Bibliothek und Heimkasse
— sie organisieren Ausflugsfahrten
— sie besorgen auf Wunsch Konzert- und Theaterkarten
— sie haben Gymnastikkurse eingerichtet
— es wurden Spielgruppen und fremdsprachliche Diskussionsgruppen gebildet
— sie arbeiten in der Redaktion der Heimzeitung mit
— bei den Gottesdiensten übernehmen sie Organisten- und Meßnerdienste
— sie organisieren Schallplattenkonzerte und (mit Kunstdruckblättern aus Kalendern usw.) wechselnde Kunstausstellungen

In *Stuttgart-Giebel* besteht seit vielen Jahren die Aktionsgemeinschaft Frohes Alter e. V. Rund 100 Mitglieder sind in der Verwaltung der Aktionsgemeinschaft tätig, verrichten Küchendienst und organisieren die 18 Neigungsgruppen. Sie informieren regelmäßig etwa 2 300 ältere Bürger in den umliegenden Stadtteilen über ihre Aktivitäten. Von ihnen kam auch die Anregung, das Thema "Alter" im Rahmen eines Modellversuchs im Schulunterricht zu behandeln.

In *Bielefeld* haben die Seniorenclubs der Arbeiterwohlfahrt eine eigene Zeitschrift, die von zwanzig Senioren, einer Sozialarbeiterin und einem Zivildienstleistenden gemeinsam geplant und gestaltet wird. In der mehrmals im Jahr erscheinenden "Seniorenpost" werden alle Leser aufgefordert, mitzuarbeiten, Tips für die Clubarbeit zu geben und Berichte über Erlebnisse und Erfahrungen zur Verfügung zu stellen.

2. Als Helfer bei "mobilen Diensten" und Nachbarschaftshilfen

Hierbei handelt es sich um Dienste, die zu dem älteren Menschen ins Haus kommen, um ihm eine bestimmte Hilfe zu leisten. Mehrere Untersuchungen haben ergeben, daß etwa 10 bis 20 Prozent der über 65jährigen Bürger auf solche unterschiedlichen Hilfen angewiesen sind.

Der bekannteste und wohl auch am meisten verbreitete Hilfsdienst dieser Art ist der Mahlzeitendienst "Essen auf Rädern", mit dem vor allem die Wohlfahrtsverbände diejenigen alten Menschen, denen das Selber-Kochen — oder aber auch das Einkaufen — zu schwer fällt, mit einer täglichen Mahlzeit versorgen.

Zu diesen Mahlzeitendiensten sind inzwischen vielerorts noch andere hinzugekommen, so z. B. Wohnungsreinigungsdienste, Einkaufsdienste, Wäschedienste, Fußpflegedienste, Transportdienste (etwa zum Arzt), Badedienste. Eine besondere Stellung nehmen die Besuchsdienste ein (vgl. nächster Abschnitt).

Alle diese Hilfsdienste haben das Ziel, den älteren Menschen das eigenständige Leben in der eigenen Wohnung möglichst lange zu erhalten, wie es dem Wunsch der allermeisten entspricht. Es gibt sie allerdings noch nicht überall, und wo ein Mahlzeitendienst vorhanden ist, kann es durchaus noch an anderen Hilfsmaßnahmen fehlen.

Mobile Dienste sind nicht nur für die "Armen"

Wissen muß man auch, daß die mobilen — oder ambulanten — Dienste keineswegs nur für die "Armen" da sind, sondern für alle Älteren, die auf Hilfe angewiesen sind. Dabei kann es sich um gelegentliche Dienste (z. B. Hausputz, Gardinen ab- und wieder aufhängen, Transportdienste, Hauspflege bei einer Erkrankung u. ä.) handeln oder um regelmäßig wiederkehrende wie "Essen auf Rädern", Wäschedienst oder Bücherdienst.

Für diejenigen Dienste, die Kosten verursachen (wie Mahlzeitenzustellung, der Wäschedienst und die Hauspflege- und Reinigungsdienste), muß der Empfänger dieser Hilfe im allgemeinen einen Beitrag entrichten, der sich nach seinem Einkommen richtet. Für "Essen auf Rädern" z. B. zahlt der verwitwete Studienrat den normalen Preis, der Bezieher einer Kleinstrente oder die Sozialhilfeempfängerin aber nur einen geringen Anteil. Für die Differenz kommen in solchen Fällen die Städte und Gemeinden durch entsprechende Zuschüsse an die Träger der mobilen Dienste auf.

Wenn dem Helfer Kosten entstehen

Mitarbeiter im Bereich der mobilen Dienste müssen viele Wege zurücklegen. Die Träger solcher Dienste bieten deshalb häufig schon von sich aus eine Aufwandsentschädigung für Fahrgeld und ähnliches an. Ehrenamtliche Helfer in Hausreinigungsdiensten oder in der häuslichen Pflege von erkrankten alten Menschen sollten in jedem Fall eine Vergütung für ihre Arbeitsleistung erhalten. Meist wird ihnen auch von vornherein ein fester Stundensatz angeboten. Wo das nicht der Fall ist, sollten Interessenten am Mithelfen in solchen Diensten keine Scheu haben, den jeweiligen Träger danach zu fragen. Außerdem ist es für den Helfer wichtig, während seiner Einsätze hinreichend gegen Unfälle versichert zu sein. Auch diese Frage sollte man deshalb nicht verschweigen — sie erspart Unsicherheit und im Falle eines Falles vielleicht manchen Ärger.

Beispiele aus der Praxis:

In *Offenbach am Main* hat der Stadtkreisverein der Arbeiterwohlfahrt einen "Altenservice" eingerichtet, der nahezu alle im Haushalt anfallenden Arbeiten übernimmt: Fenster putzen, Gardinen wechseln, Wäschedienst, Arzt- und Besorgungsfahrten und im Winter die Schneebeseitigung gehören mit in den Aufgabenbereich. Von den Helfern, zu denen Schüler wie auch ältere Hausfrauen gehören, werden als Voraussetzungen "soziales Engagement, Einfühlungsvermögen, Geduld, Pflichtbewußtsein, Zuverlässigkeit und Ehrlichkeit" erwartet. Die meisten der Helfer erhalten eine Vergütung.

Der *"Verein Altenzentrum Northeim"* heißt so, weil er sich als Zentrum der Hilfe für ältere Bürger mit eigenem Haushalt versteht. Er wird nur von ehrenamtlichen Mitarbeitern getragen. Ein mobiler Putzdienst ist mit einem Fahrzeug unterwegs, beim Mahlzeitdienst "Essen auf Rädern" sind allein 17 ehrenamtliche Helfer tätig.

Der *Sozialdienst Olching e. V.* in Oberbayern besteht als privater Verein für Kranken- und Altenbetreuung und Familienhilfe bereits seit 1969. Rund 100 ausschließlich freiwillige Helferinnen und Helfer sind in stundenweisem Einsatz für andere Menschen tätig. Im Jubiläumsjahr 1979 zum Beispiel taten sie an 30 Krankenbetten Dienst, leisteten rund 70 betagten Mitbürgern Hilfe, sprangen in sieben Fällen für kurz und auch für länger in Notsituationen in Haushalten ein und nahmen auch Kinder vorübergehend in den eigenen Haushalt auf. Der "Kinderpark" verzeichnete fast 3 000 kleine Besucher, im Babypark wurden 1 473 Kleinkinder betreut. Zu den weiteren Aktivitäten gehören z. B. Kurse in Schwangerschaftsgymnastik, orthopädisches Kinderturnen und ein Mahlzeitendienst "Essen auf Rädern".

Noch älter ist der *Sozialdienst Unterpfaffenhofen-Germering e. V.,* der bereits 1966 mit der Arbeit begann. Als überparteilicher und überkonfessioneller Verein hat er sich mit wachsendem Erfolg bemüht, allen in Not und Bedrängnis geratenen Bürgern, die sich an ihn gewandt haben, zu helfen. Auch hier hat sich die freiwillige Mitarbeit ganz besonders bewährt. Schon bei seinem 10jährigen Bestehen konnte der Sozialdienst eine jährliche Gesamtleistung von rund 25 000 Einsatzstunden nachweisen, die bei hauptamtlichen Kräften einen Personalkostenanteil zwischen 400 000,– und 500 000,– DM erfordert hätten, während die tatsächlichen Aufwendungen auf weniger als ein Sechstel dieser Summen kamen. Die Pflege so manchen kranken und alten Bürgers, der Mahlzeitendienst "Essen auf Rädern", Gesundheitsvorsorge-Maßnahmen für Schwangere, Kinder und Jugendliche und eine Vielzahl anderer Hilfe hätten ohne den Einsatz der ehrenamtlichen Helfer nicht geleistet werden können.

In *Bad Nauheim* gibt es einen Verein "Altenselbsthilfe", der sich die Aufgabe gestellt hat, älteren Bürgern von Bad Nauheim zu helfen. Zu den Leistungen der ehrenamtlichen Helfer, von denen viele selbst im Rentenalter stehen, gehören z. B. der Mahlzeitendienst "Essen auf Rädern" und die Übernahme von Besorgungen.

3. Besuchsdienste bei alleinlebenden älteren Menschen

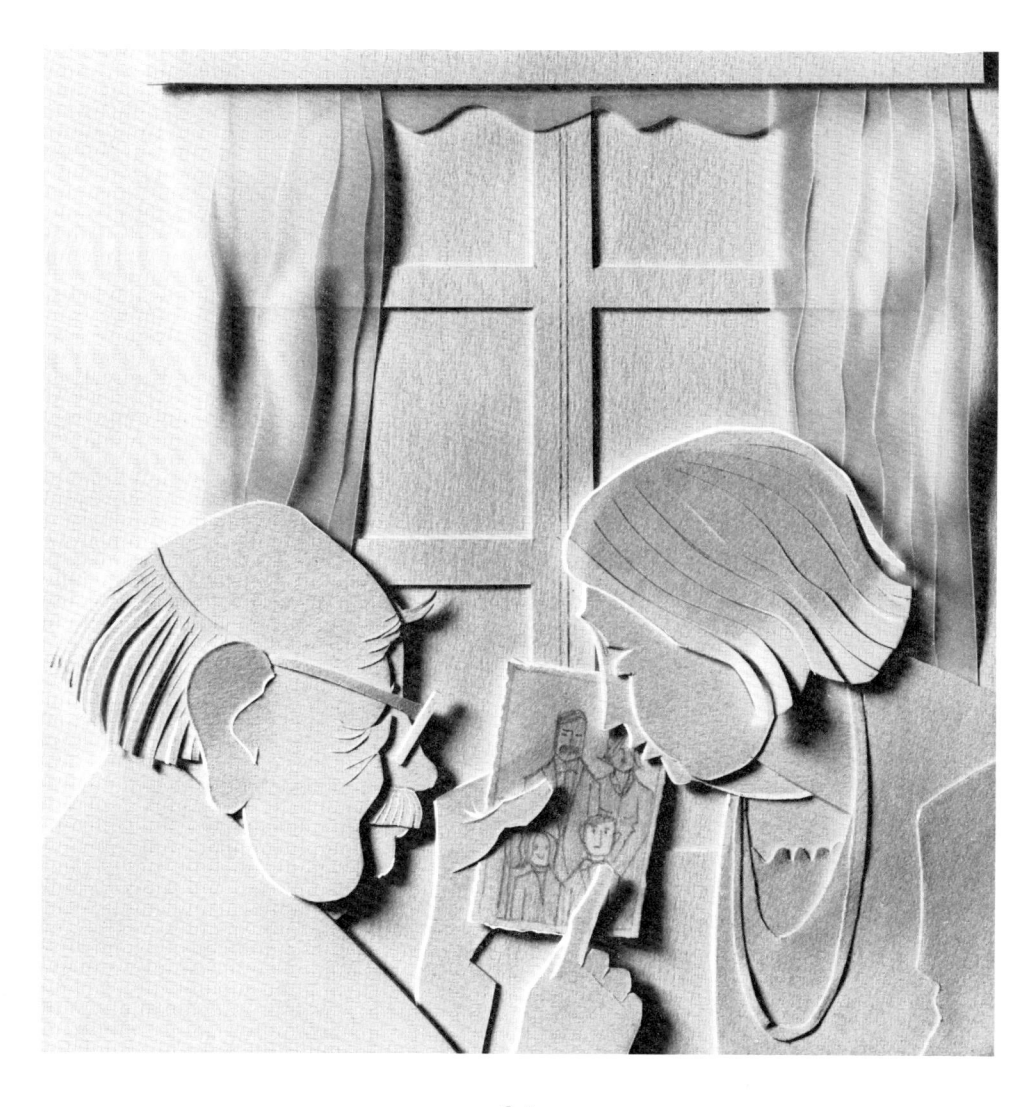

Fast dreieinhalb Millionen Menschen über 65 leben in der Bundesrepublik und Berlin West in einem Ein-Personen-Haushalt, allein in ihren vier Wänden. Auf einen alleinstehenden Mann kommen dabei über fünf alleinlebende Frauen. Bei zunehmendem Alter — heute oft erst jenseits der 80 — nimmt die Beweglichkeit ab und damit auch der Kontakt zu anderen Menschen. Man bleibt mehr und mehr auf die Wohnung angewiesen und findet manchmal vielleicht tagelang keinen Menschen, mit dem man ein persönliches Wort wechseln könnte. Die immer wiederkehrende Schreckensnachricht ist allgemein bekannt: Erst der vollgestopfte Briefkasten oder nicht abbestellte Lieferungen vor der Wohnungstür führen auch heute noch öfter zu der Entdeckung, daß der Mensch hinter der Tür vor Tagen oder sogar Wochen dort einsam, allein und ohne Hilfe gestorben ist.

Im Strafvollzug wird die sogenannte "Isolationshaft" als unmenschlich angeprangert, weil sie häufig zu seelischen und danach auch zu körperlichen Erkrankungen führt. Von der Gesellschaft mehr oder weniger völlig isolierte alte Menschen stehen in der gleichen Gefahr, die zudem noch durch die Angst vergrößert wird, auch in einer plötzlichen Notlage völlig allein und ohne Hilfe zu sein. Manche "Wunderlichkeit" und manches "häßliche Verhalten" geht darauf zurück — es ist oft nichts anderes als eine Art von Notwehr einer Gesellschaft gegenüber, die den alten Menschen im Stich gelassen hat, ihn nicht mehr wahrnehmen will.

Besuchsdienste haben das Ziel, einer solchen Verarmung an Kontakten entgegenzuwirken. Sie nehmen sich derjenigen an, die Schwierigkeiten haben, mit anderen Menschen, auch Bekannten und Nachbarn, zusammenzukommen. Dazu gehören neben behinderten alten Menschen auch jüngere Behinderte und chronisch Kranke, ältere Mieter, die z. B. wegen einer Stadtteil-Sanierung in eine fremde Umgebung verpflanzt werden, und die (oder der) nach dem Tod des Ehepartners oft isolierte Witwe(r).

Für Mitarbeiter in einem Besuchsdienst steht an erster Stelle einesteils das Gespräch und anderenteils das Zuhören-Können. Der Besuchte muß Gelegenheit erhalten, sich etwas "von der Seele zu reden", doch dazu benötigt er häufig Umwege im Gespräch, es gelingt ihm nicht, immer gleich "zur Sache" zu kommen. Der Besucher muß Toleranz, Geduld und einfühlendes Verstehenwollen mitbringen, andererseits aber darf er nicht vorschnell Urteile abgeben. Auch mit Ratschlägen muß er vorsichtig umgehen und sich seiner Verantwortung bewußt sein. Er benötigt deshalb eine Grundausbildung, die ihn auf seine Aufgaben vorbereitet. Dazu sollte ihm die Möglichkeit geboten werden, während seiner Tätigkeit in regelmäßigen Abständen mit einem fachlich dafür ausgebildeten hauptamtlichen Mitarbeiter über entstehende Probleme sprechen zu können und dort Rückhalt in sachlicher wie in seelischer Hinsicht zu finden. Daß darüber hinaus für den freiwilligen Helfer eine Schweigepflicht besteht, ist selbstverständlich.

Neben der Gelegenheit zur Aussprache kann ein Besuchsdienst Einblick in akute Notlagen geben und für Abhilfe sorgen. Auch dafür ist der Rückhalt einer sachverständigen Dienststelle unbedingt erforderlich. Ansonsten hat der Helfer in diesem Bereich ein Betätigungsfeld, in dem er seine ganze Persönlichkeit einsetzen kann und das Sinnvolle seiner Tätigkeit immer wieder neu erlebt.

Beispiele aus der Praxis:

Überall, wo Verbände der freien Wohlfahrtspflege ein ganzes Bündel mobiler Dienste anbieten, ist meist auch ein Besuchsdienst vorhanden, in dem ehrenamtliche Helfer mit entsprechender Vorbereitung bzw. Ausbildung für ihre Aufgabe arbeiten. Das ist bereits in so zahlreichen Orten der Fall, daß es wenig sinnvoll wäre, einige wenige hier herauszustellen.

Aber auch aus *privater* Initiative haben sich ähnliche Hilfen entwickelt. Dazu die folgenden Beispiele:

In *Lüdenscheid* hat der Senioren-Selbsthilfe-Kreis "Miteinander — Füreinander" schon vor Jahren seine rund 400 Mitglieder dazu aufgerufen, sich in Notfällen gegenseitig zu helfen. Als erstes bildete sich ein Helferkreis, der sich besonders um kranke und alleinstehende ältere Bürger kümmert, sie regelmäßig besucht und kleine Dienstleistungen übernimmt.

Im "Wilhelm-Hansmann-Haus" in *Dortmund,* einer städtischen Seniorenbegegnungsstätte mit vielfältigen Freizeitangeboten und täglich durchschnittlich über 400 Besuchern, hat sich aus der Eigeninitiative die Aktion "Schach dem einsamen Alter" gebildet, die es als ihre Aufgabe betrachtet, älteren behinderten Bürgern, die allein leben, kleine Hilfen zu leisten. Die Helfer wollen den Besuchten den Alltag erleichtern und ihnen aus der Vereinsamung heraushelfen.

Eine originelle Idee wurde in Bergdörfern in der *Schweiz* verwirklicht: Als die Schweizerische Stiftung für das Alter — Pro Senectute — in Goms im Wallis die Älteren zu einem gemeinsamen Nachmittag einlud, erschien kaum jemand. Bald stieß man darauf, daß die Vereinsamung dort ebenso droht wie in Städten, da die Jungen abwandern und die Großfamilien aussterben. Man beschloß, vor allem die vielen Alleinstehenden daheim aufzusuchen, doch die Helfer weigerten sich, ohne "Grund" an eine fremde Tür zu klopfen. Da kam der zuständigen Mitarbeiterin von Pro Senectute der Einfall, einen "Lesering" zu gründen, der folgendermaßen organisiert ist: In einem bestimmten Ortsteil übernimmt eine ältere Frau oder ein älterer Mann die Verantwortung für den Lesering. Die betreffende Person ist auf eine Illustrierte abonniert, die Pro Senectute bezahlt. Sie liest das Heft zuerst und gibt es einer betagten Nachbarin weiter, die es ebenfalls in einem anderen Alten-Haushalt abgibt. Das Heft geht auf diese Weise rundum und versorgt die "Teilnehmer" nicht nur mit Lesestoff, sondern liefert auch den Grund für Besuche und weitere Kontakte. Inzwischen wurden gleiche Leseringe in weiteren Orten gegründet.

4. Besuchsdienste in Altenheim und Krankenhaus

Besuchsdienste im Altenheim unterscheiden sich nur wenig von Besuchen bei alleinlebenden älteren Menschen: Sie beziehen vor allem mehr kleinere Handreichungen und Gefälligkeiten ein, die das — ohnehin knappe — Pflegepersonal entlasten und gleichzeitig auf drängende Wünsche des Besuchten eingehen. Das Bedürfnis nach Aussprache über die eigene Situation und damit womöglich verbundene Ängste um Gesundheit und Zukunft kann dabei noch stärker sein als bei Alleinlebenden. Dagegen entfallen Gefälligkeiten wie sie im Ein-Personen-Haushalt vorkommen können. Der Besucher kann sich ganz darauf einstellen, einesteils durch seine bloße Gegenwart eine willkommene Abwechslung zu bringen und anderenteils durch kleine Besorgungen "draußen" für den Patienten oder Heimbewohner Probleme zu lösen, die diesem oft nahezu unüberwindlich erscheinen. Die Zustimmung der Heimleitung für die Tätigkeit eines Besuchsdienstes sollte selbstverständlich eingeholt werden.

Die menschlichen Beziehungen sind zwischen Besucher und Heimbewohner häufig besonders herzlich, wenn die anfängliche Fremdheit erst überwunden ist. Oft entwickeln sich dauerhafte Freundschaften oder Patenschaftssysteme mit einem wichtigen seelischen Rückhalt für den Besuchten.

Im Krankenhaus dagegen handelt es sich um Besuche bei Akut-Kranken, die sich dort nur für einen befristeten Zeitraum aufhalten. Bei alleinstehenden Patienten — auch jüngeren — mangelt es oft an der einen oder anderen Besorgung, die ein Helfer erledigen kann. Oder es gibt z. B. Fragen mit der Krankenversicherung zu klären und einen Schriftverkehr zu führen, wozu der Kranke selbst nicht in der Lage ist. Die Helfer müssen deshalb Verantwortungsbewußtsein besitzen und volles Vertrauen verdienen. Die Gewähr dafür bietet am ehesten der Besuchsdienst eines im Sozialbereich anerkannten und angesehenen Trägers. Er wird auch vom Krankenhaus selbst stets vor anderen Initiativen bevorzugt werden. Interessenten an einer Mitarbeit sollten daher am besten bei den örtlichen Wohlfahrtsverbänden, Kirchengemeinden oder den Krankenanstalten selbst nachfragen, bei welcher Stelle sie sich anmelden können.

Beispiele aus der Praxis:

In *Bodenwerder* werden drei Bewohner eines Pflegeheims in regelmäßigen Abständen von zwei in der Nachbarschaft wohnenden Frauen besucht. Zu diesen Besuchen gehören Rollstuhlausfahrten und kleinere Dienstleistungen.

In *Frankfurt* sind 25 Mitglieder der evangelisch-reformierten Gemeinde nach einer entsprechenden Schulung im Rahmen eines Besuchsdienstes in einem Alten- und Pflegeheim tätig. Sie haben auch regelmäßig Gelegenheit zur Aussprache in der Gruppe. Die dortigen Erfahrungen haben gezeigt, daß es nicht genügt, Besuche zu Geburts- oder Feiertagen zu machen, wenn ohnehin Familienangehörige oder Freunde kommen. Der Besucher sollte einen Zeitpunkt wählen, an dem er mit dem Heimbewohner allein ist, damit auch verborgene Nöte zur Sprache kommen können. Als ideal wird empfunden, wenn der Besucher selbst zur älteren Generation gehört.

Das *Sozialwerk Berlin e. V.* betrachtet seit seiner Gründung (1971) den Besuchsdienst in Alten- und Pflegeheimen als seine wichtigste Aufgabe, in der die Mitglieder gleichzeitig eine große gesellschaftliche Verpflichtung sehen. Man hat dort die Erfahrungen gemacht, daß 1/3 bis 2/3 der Heimbewohner — je nach Gesundheitszustand — überhaupt keinen oder nur unzureichend Besuch erhalten. 80 ehrenamtliche Mitarbeiter des Sozialwerks zwischen 60 und 85 Jahren machen deshalb regelmäßig Besuche in mehreren Heimeinrichtungen und organisieren dort auch Gemeinschaftsveranstaltungen, damit der Kontakt der Heimbewohner untereinander verstärkt wird. Dabei sind zwei bis drei Damen oder Herren jeweils für ein Heim zuständig. Einmal im Monat werden Probleme gemeinsam durchgesprochen und weitere Veranstaltungen geplant. Zweimal im Jahr finden Wochenseminare für die Mitglieder des Besuchsdienstes statt. Voraussetzung dieser erfolgreichen Arbeit war, zunächst das Vertrauen der Heimleitung und auch der Mitarbeiter im Heim zu gewinnen. Wichtig ist dem Deutschen Sozialwerk Berlin dabei, daß von vornherein nur Besuche angeboten werden ohne jegliche Einmischung oder Kontrolle des internen Heimlebens. Der Besuchsdienst dürfe nicht als Belastung, sondern als Entlastung im Heim erscheinen.

In zahlreichen Krankenhäusern der Bundesrepublik kann man Helferinnen in grünen Kitteln begegnen — den *"Grünen Damen"*. Sie gehören einem weitverbreiteten *Evangelischen Krankenhausdienst* an und kümmern sich um kleine Wünsche der Patienten, die im Haus selbst nicht erfüllt werden können, unterhalten sie, lesen vor, schreiben Briefe und anderes mehr. Zu den "Grünen Damen" gehören sowohl jüngere und ältere Hausfrauen als auch nicht mehr berufstätige Frauen, die für einige Stunden in der Woche Hilfe leisten. Über die Möglichkeiten einer Mitarbeit informiert die Zentrale der Evangelischen Krankenhaushilfe "Grüne Damen" in 5300 Bonn, Pappelweg 25 a.

Eine Evangelische Kirchengemeinde in einem Neubau-Vorort von *Köln* hat sich besonders der Bewohner eines ebenfalls vor wenigen Jahren neu errichteten Altenzentrums angenommen. Im Rahmen eines "Senioren-Besuchskreises" sind rund 30 Damen und Herren tätig. Jeder von ihnen besucht regelmäßig im Abstand von 14 Tagen zwei Heimbewohner. Dabei wird besonderer Wert darauf gelegt, die Besuche zum verabredeten Termin pünktlich einzuhalten, um die Älteren in ihrer Erwartung nicht zu enttäuschen. In einigen Fällen werden die Älteren auch zu einem Besuch in den Familien der Helfer abgeholt. Einmal im Vierteljahr kommen die Helfer mit dem Pfarrer und dem Heimleiter zusammen, um ihre Erfahrungen austauschen zu können und, wenn nötig, einen Rat und weitere Hilfestellung zu erhalten.

5. Babysitter-Hilfsdienste und "Wahl-Omis"

Die Großfamilie, in der drei Generationen zusammenleben, ist heute eine Seltenheit. Außerdem wohnen die Großeltern häufig weiter entfernt von der Kinderfamilie, da die Jüngeren schon vom Beruf her mehr und mehr zur "Mobilität" gezwungen sind.

Für Kinder ist es jedoch ungemein wichtig, das Älterwerden und alte Menschen nicht nur aus der Entfernung zu erleben. Großeltern haben zudem mehr Zeit und können auch sonst leichter auf Strenge verzichten und einmal den Kinderwünschen nachgeben, wo die Eltern selbst strikt "nein" sagen müßten. Großeltern werden besonders von kleineren Kindern meist aus vollem Herzen geliebt — und es müssen, wie die Erfahrung zeigt, nicht immer die eigenen sein. In einer Reihe von Städten und Gemeinden gibt es bereits "Oma-Hilfsdienste", die ältere Damen — manchmal auch einen "Ersatz-Opa" — für stundenweise Kontakte vermitteln. Im Vordergrund stehen dabei die Dienste als Babysitter, die gerade von jungen Familien begehrt sind. Nicht selten entwickeln sich aus derartigen Anfangskontakten aber auch feste persönliche Beziehungen, so daß die Ersatz-Großmutter allmählich zur geliebten "Wahl-Omi" wird.

Solche Kontakte über den Abstand der Generationen hinweg bereichern beide Seiten: Die wechselseitige Zuneigung wirkt sich vorteilhaft auf die seelische Entwicklung der Kinder aus, und den Älteren vermittelt sie ein Stück neuen Lebensinhalt. Freilich müssen sich Ersatz-Großeltern aber auch ihrer Verantwortung bewußt sein, so sollte es niemals zu einer Art Wettbewerb um die Gunst des Kindes zwischen ihnen und den Eltern kommen. Überhaupt werden sie sich bei vielen Gelegenheiten stärker zurückhalten müssen, als man es von den leiblichen Großeltern erwarten würde. Gleichzeitig dürfen sie nicht nur in althergebrachten Erziehungsgrundsätzen beharren und die Kinder womöglich verunsichern. Es ist daher immer von Vorteil, wenn man etwas genauer über die Grundzüge heutiger Erziehungsmethoden Bescheid weiß.

Volkshochschulen und andere Einrichtungen der Erwachsenenbildung veranstalten hier und da bereits "Großeltern-Seminare", die entsprechende Kenntnisse vermitteln und dabei den Älteren Gelegenheit zur Aussprache geben. Gewiß wird es einem älteren Menschen nicht gerade leichtfallen, die Maximen der eigenen Erziehung zurückzustellen zugunsten neuerer Methoden. Gerade solche Seminare ermöglichen es aber, eventuell vorhandene Bedenken zu diskutieren und dann einen neuen Standpunkt zu finden, der vielleicht Neues mit Altem vereint und auf dem man sicher steht. Dort, wo bereits ein "Omi-Hilfsdienst" besteht, treffen sich die Mitarbeiter meist monatlich einmal, um über ihre Erfahrungen zu sprechen, und erweitern auf diese Weise auch ihre Kenntnisse.

Gegründet wurden die vorhandenen Dienste meist von jungen Frauen, die aus eigener Erfahrung die Probleme kennen, wenn niemand greifbar ist, der bei Bedarf einspringen und ein Kind für ein paar Stunden betreuen könnte. "Wahl-Omis" müssen ja zuweilen auf Abruf, d. h. kurzfristig, zur Verfügung stehen — eine Art innere Beweglichkeit ist deshalb schon erforderlich. Andererseits kann man bestimmen, in welchem zeitlichen Umfang man überhaupt eingesetzt werden möchte.

Ein Beispiel für viele:

Die Begründerin des Hamburger "Oma-Hilfsdienstes", berufstätige Mutter von zwei Töchtern, setzte, angeregt durch eine Zeitungsmeldung aus Frankreich, ein Inserat in die Zeitung, in dem sie "aktive Großmütter, die berufstätigen Frauen mit krankem Kleinkind helfen wollen" aufforderte, sich bei ihr zu melden. Schon nach kurzer Zeit hatte sie in einer Kartei 60 Helferinnen und 200 an der Aktion interessierte Eltern erfaßt. Ein festes Entgelt pro Einsatz wird nicht gefordert, es bleibt den Eltern überlassen, wie nach ihren persönlichen Möglichkeiten der Dank an die jeweilige Helferin ausfällt. Selbstverständlich müssen sie für die Fahrtkosten aufkommen, und an die Zentrale zahlen sie eine geringe monatliche Gebühr für die Vermittlung.

Im Jahre 1981 bestanden in folgenden Städten "Oma-Hilfsdienste": Berlin, Bremen, Coburg, Darmstadt, Erlangen, Gelsenkirchen, Hamburg, Kiel, Köln, Lüneburg, München, Neumünster, Rheinbreitbach, Saarbrücken, Stuttgart, Viersen-Grefrath, Winsen/L.-Luhdorf.

Anschriften und Telefonnummern sind im Anhang zusammengestellt.

6. Mitarbeit in Beratungsstellen, Helfen in Behördenangelegenheiten usw.

Immer wieder kann man feststellen, daß gerade ältere Menschen im Bereich des öffentlichen Lebens über ihre Rechte als Staatsbürger wie auch über Hilfen, die sie in Anspruch nehmen könnten, nur unzureichend oder überhaupt nicht Bescheid wissen. So klagen z. B. die Versicherungsanstalten darüber, daß manche Ältere beim Ausscheiden aus dem Beruf die Altersrente automatisch erwarten und versäumen, sie rechtzeitig zu beantragen — obwohl die Versicherungsanstalten laufend über Zeitungen und Zeitschriften darauf aufmerksam machen. Aber auch in einer Vielzahl von Alltagsfragen fehlt es ihnen oft an der richtigen Information. Auf diese Weise können Probleme entstehen, mit denen Ältere ohne fremde Hilfe nicht mehr zurechtkommen.

Die Aufgaben

In den letzten Jahren wurden deshalb in vielen Städten — zum Teil auch in Landgebieten — Beratungsstellen für ältere Bürger eingerichtet. Sie haben die Aufgabe, Auskünfte zu geben, Ratschläge zu erteilen, die Verbindung zu zuständigen Dienststellen herzustellen und dem Klienten bei schriftlichen Eingaben und Behördenbesuchen zur Seite zu stehen. Ehrenamtliche Mitarbeit in Beratungsstellen setzt deshalb voraus, daß man bestimmte Sachkenntnisse mitbringt, die dort gefragt sind. Wer im Bereich des öffentlichen Lebens Experte ist und sich womöglich noch in behördlichen Verfahren und Zuständigkeiten auskennt, ist hier willkommen. Unbedingte Vollkommenheit wird dabei selten verlangt, in jedem Fall sollte aber der Berater seine Grenzen kennen und wissen, an welche Stelle er den Ratsuchenden weiterleiten kann, wenn er selbst in einer Sache unsicher ist. Daraus ergibt sich schon, daß die Beratungsstellen ein Betätigungsfeld für z. B. ehemalige Sozialberufe, Behördenangestellte, Polizeibeamte, Rechtskundige usw. sind.

Auch "Psychologen" sind gesucht

Ratlosigkeit ist für ältere Menschen auch ein seelisches Problem — sie sind es nicht wie jüngere gewohnt, sich in Dingen, die sie bewegen, sachlich und möglichst kurz auszudrücken. Sie beginnen oft weitschweifig, und es braucht Zeit, bis sie zum eigentlichen Kern ihres Problems kommen. Verständnis für gedankliche Umwege und die Fähigkeit, behutsam einzulenken — und nicht etwa sie jäh zu unterbrechen —, spielen daher in der Beratung ebenfalls eine wichtige Rolle. Man muß dafür nicht immer ein "studierter" Psychologe sein. Erfahrung, Menschenkenntnis und Geduld, die auf den anderen eingeht, erreichen viel, weil sie die Bereitschaft zum Helfenwollen signalisieren. Zuhörenkönnen — und das Richtige heraushören — ist oft von allergrößter Bedeutung.

Das gilt ganz besonders für Mitarbeiter der Telefonseelsorge und vergleichbarer Dienste der Wohlfahrtsverbände. Für eine Mitarbeit in diesem Bereich gelten daher auch besondere Voraussetzungen — in der Regel sind solche Dienste mit theologisch vorgebildeten Mitarbeitern oder ausgebildeten Psychologen besetzt.

Schweigepflicht ist selbstverständlich

Die Tätigkeit in einer Beratungsstelle — welcher Art auch immer — bringt es mit sich, daß die Mitarbeiter mit vielerlei Problemen und Notlagen in Berührung kommen. Nicht alle kann man am Schreibtisch oder am Telefon einfach zurücklassen, manches hinterläßt beim Berater Betroffenheit und den Drang, mit anderen "normalen Bürgern" darüber zu sprechen. Gerade das aber darf er nicht. Es widerspräche seiner Verantwortung dem Klienten gegenüber, dem er helfen will. Er könnte Angaben verwenden, die bei aller Vorsicht dennoch erraten lassen, um wen es sich handelt. Seinen Klienten gegenüber ist er nach außen unbedingt zum Schweigen verpflichtet.

Beispiele aus der Praxis:

Die Mehrzahl der Beratungsdienste für ältere Bürger wird von Verbänden der freien Wohlfahrtspflege und von Sozialämtern der Städte und Kreise angeboten. Für die Beratung auf dem Land gibt es zum Teil Fahrzeuge, in denen die Mitarbeiter von Ort zu Ort unterwegs sind und vorher bekanntgegebene Sprechstunden abhalten. Interessenten für eine Mitarbeit in diesem Bereich wenden sich am besten an die entsprechenden Organisationen bzw. Dienststellen.

Der Seniorenbeirat in *Lüneburg* hat sich seit Beginn seiner Tätigkeit besonders der Beratung älterer Mitbürger angenommen. An einem zentral gelegenen Ort finden wöchentlich Sprechstunden statt, deren Ziel es ist, in jedem Fall Hilfe zu vermitteln. Dabei geht es z. B. um Wohnungsprobleme, Testamentsfragen und Erbrecht, Sozialhilfe und Altersruhegeld. Einsamen und Alleinstehenden zu helfen ist ein Hauptanliegen.

Ein Beispiel dafür, wie man auch als einzelner Bürger eine Beratungsstelle ins Leben rufen kann, bietet Frau F. in *Augsburg*. Die ehemalige Angestellte eines Versorgungsamtes wollte ihre Kenntnisse im sozialen Bereich auch im Ruhestand nicht brachliegen lassen und richtete Sprechstunden ein, für die der Bürgermeister ihr einen Raum zur Verfügung stellte. Sie konnte schnell feststellen, daß die Spannweite der an sie herangetragenen Probleme im menschlichen Bereich kaum zu begrenzen ist. Auch sie kam dabei zu der Erkenntnis, daß Zuhörenkönnen mit das Wichtigste ist — und oft auch die wirksamste Hilfe. Unter anderem stieß sie aber auch auf Notlagen, die nur eine kleine Ursache hatten: ein klemmendes Fenster, eine verzogene Wohnungstür, ein nicht mehr schließender Wasserhahn. Nach diesen Erfahrungen ging sie noch einen Schritt weiter und gründete mit anderen ehrenamtlichen Mitarbeitern einen Reparaturdienst für ältere Bürger.

Besonders verantwortliche ehrenamtliche Beratungsarbeit leisten die *Versicherungsältesten der Rentenversicherungsanstalten*. Allerdings handelt es sich dabei nicht immer um "Älteste", sondern zum Teil auch um Mitbürger, die noch in einem anderen Beruf tätig sind, der nichts mit der Rentenversicherung zu tun hat. Deshalb können die Versicherungsältesten völlig unabhängig vom jeweiligen Versicherungsträger des Ratsuchenden Auskünfte geben und Berechnungen anstellen. Sie sind an keine Weisung gebunden und nur dem Rentenrecht verpflichtet, in dem sie allerdings sattelfest sein müssen. Die Rentenversicherungsanstalten wissen ihre Mitarbeit zu schätzen und bieten ihnen entsprechende Möglichkeiten der Fortbildung, aber keine Entlohnung. Wer in Rentensachen Rat sucht, erfährt die Anschriften der Versicherungsältesten in seinem Wohnbezirk von seiner Versicherungsanstalt (Anschrift auf Versicherungsausweis bzw. vom Arbeitgeber/Buchhaltung) oder auch von den Gewerkschaften. Wer sich selbst für eine solche ehrenamtliche Aufgabe interessiert und entsprechende Vorkenntnisse mitbringt, sollte sich direkt mit (s)einer Rentenversicherungsanstalt in Verbindung setzen.

Da der Versicherungsälteste im Auftrag seiner Anstalt handelt und gewissermaßen halbamtlich tätig wird, kann man ihn auch in den später behandelten Bereich der ausgesprochenen Ehrenämter einordnen.

# 7. Mitarbeit in Reparaturdiensten

Wenn in einem Haushalt der Wasserhahn tropft, ein Abfluß unwiderruflich verstopft ist oder die Wohnungstür klemmt, so ist das schon für jüngere Menschen ärgerlich, denn meist heißt es erst einmal mehr oder weniger lange auf den Handwerker warten, der Abhilfe schafft. Um so schwerer wiegt selbst ein kleiner Schaden für alte Bürger, die allein in einer Wohnung leben und sich nicht selbst zu helfen wissen. Weit überwiegend handelt es sich bei den Alleinlebenden über 65 zudem um Frauen, von denen die meisten wiederum nur eine kleine Rente haben, so daß auch noch die zu erwartende Rechnung des Handwerksbetriebs Sorgen macht.

Weiter gibt es gemeinnützige Einrichtungen wie Jugendheime, Kindergärten, Seniorenbegegnungsstätten, die dringend einen neuen Anstrich, neue Tapeten oder einen Wasseranschluß für eine gespendete Spülmaschine benötigen, dafür aber kein Geld in der Kasse haben.

In beiden Fällen sind die Mitarbeiter eines Reparaturdienstes willkommene Helfer. Nicht nur ehemalige Fachhandwerker, sondern Hobby-Handwerker aus allen möglichen Berufen finden sich dort zusammen, weil sie sich als Rentner zu Hause und mehr oder weniger untätig nicht ausgefüllt fühlen. Sie arbeiten entweder ganz kostenlos — Material muß selbstverständlich bezahlt werden — oder gegen einen nur sehr geringen Kostensatz. Damit sie nicht zu Konkurrenten der Fachhandwerker werden und Ärger mit den Innungen und der Handwerkskammer bekommen, müssen sie sich verpflichten, nur Aufträge auszuführen, die entweder von alten bzw. behinderten wenig begüterten Bürgern oder von als gemeinnützig anerkannten Einrichtungen kommen. Meistens sind diese Dienste einem Verband der freien Wohlfahrtspflege angeschlossen, wenn man sich für eine Mitarbeit interessiert, sollte man daher bei den örtlich vorhandenen Dienststellen dieser Verbände und auch beim Sozialamt nachfragen, ob eine derartige Möglichkeit am Ort bereits besteht. Wenn das nicht der Fall ist, läßt er sich — vielleicht zusammen mit Gleichgesinnten — auch ins Leben rufen. Warum eigentlich nicht?

Beispiele aus der Praxis:
In *Buchloe* entstand ein Senioren-Reparaturdienst, in dem rund ein Dutzend ältere Herren, darunter z. B. mehrere Lokomotivführer i. R., mitarbeiten. Die Initiatorin des Dienstes ist eine Beamtenwitwe, die in der Seniorenarbeit mitverantwortlich tätig ist und immer wieder von alleinstehenden

älteren Frauen angesprochen wurde, weil sie für kleine Reparaturen im Haushalt keine Hilfe finden konnten. Mit der örtlichen Handwerkerschaft steht der Senioren-Reparaturdienst in gutem Einvernehmen. Die Handwerker verweisen bei Klein-Reparaturen öfter auf den Dienst, und bei schwierigen Problemen verweist der Dienst an einen Fachmann.

Dem Altenclub "Sonniger Herbst" in *Neuhofen/Rheinpfalz* entstammt eine "Meistergruppe" mit ehemaligen Handwerksmeistern, die Arbeiten für gemeinnützige Einrichtungen übernimmt und auf Anforderung auch für die Gemeinde arbeitet. Unter anderem baute die Gruppe ein Floß für einen Badeweiher und stattete eine Altenbegegnungsstätte mit Wandtäfelung aus. Bei größeren Aufträgen stehen neben einem Dutzend Fachkräften weitere 70 bis 80 Helfer zur Verfügung.

Die "Kompanie des guten Willens" in *Hagen* dürfte einmalig in ganz Europa sein. Bereits 1968 fiel einem Mitarbeiter der Evangelischen Männerarbeit auf, daß vielen Rentnern im Ruhrgebiet vor allem Kontakte zu anderen Menschen und eine sinnvolle Betätigung fehlten. Dies traf hauptsächlich auf Frührentner zu, die durch die Massenentlassung eines Industriebetriebes wirtschaftlich zwar versorgt waren, aber plötzlich nichts mehr zu tun hatten. Als die Innere Mission auf der holländischen Insel Ameland aus mehreren Bauernhöfen ein Ferienlager für behinderte Kinder schaffen wollte, reisten die ersten zwölf "Freiwilligen" dorthin und richteten Häuser wie Kuhställe wohnlich her, stellten Betten auf und besorgten Decken. Auf diese Weise entstand der Name "Kompanie des guten Willens". Inzwischen gehören der Kompanie über 200 aktive Mitglieder aus dem ganzen Ruhrgebiet und von noch weiter her an. In eigenen Werkstatt-Kleinbussen fahren die Arbeitsgruppen der "Kompanie" zu Einsätzen nicht nur in die ganze Bundesrepublik, sondern auch nach Italien, Großbritannien und Holland. Sie renovieren und reparieren ausschließlich gemeinnützige Einrichtungen, arbeiten nur eine begrenzte Stundenzahl täglich und erhalten dafür ein Taschengeld. Außerdem muß der Auftraggeber für Unterkunft und Verpflegung sorgen. Jeder Arbeitseinsatz soll nach Möglichkeit auch mit einer Erholung verbunden sein, und seit einiger Zeit bietet die Kompanie in einem eigenen Intersenior-Reisedienst auch Ferien- und Studienreisen für ältere Einzelbürger wie auch ganze Seniorengruppen an. Interessenten können sich an die folgende Anschrift wenden: *Kompanie des guten Willens,* Frankstraße 7, 5800 Hagen.

8. Mitarbeit in Bürgerinitiativen

Im allgemeinen Sprachgebrauch sind Bürgerinitiativen freiwillige Zusammenschlüsse von Menschen, die öffentlich entweder *für* eine bestimmte Maßnahme eintreten oder *gegen* eine Sache, die sie für schädlich oder bedrohlich für die Allgemeinheit halten, ankämpfen. Bürgerinitiativen dieser Art dürfen vor öffentlichen Auseinandersetzungen, auch Angriffen, nicht zurückschrecken — sie müssen damit rechnen, Gegner zu finden und ebenfalls angegriffen zu werden. Sollen und können ältere Bürger sich hier betätigen, überwiegt bei ihnen nicht das Bedürfnis, "sich herauszuhalten"?

Das mag für die Mehrheit der Älteren zutreffen, doch "Ausnahmen" bestätigen auch hier die Regel, die vielleicht bald eine Veränderung erfahren wird, wenn Generationen nachrücken, die mit ausgeprägtem Selbstbewußtsein in den "Ruhestand" eintreten. Eine mittlerweile im In- und Ausland bekannte Vereinigung ist zum Beispiel auf diesem Sektor der "Senioren-Schutz-Bund", abgekürzt SSB, in Wuppertal. Seine Mitglieder vertreten eine ausgeprägt kritische Meinung im Bereich der Sozialpolitik, gehen mit Plakaten auf die Straße und veranstalten Demonstrationsmärsche in der Bundeshauptstadt Bonn, wenn Gesetze anstehen, die den Rentnern finanzielle wie ideelle Einbußen bringen könnten. Sie fordern eine Mindestrente, die über dem Sozialhilfesatz liegt und Älteren damit den Weg zum Sozialamt erspart, und treten — auch in offenen Briefen und in den Medien — für Altenheimbewohner ein, die sich gegen Willkürmaßnahmen selbst nicht hinreichend wehren können. Ihr Vorbild sind die "Grauen Panther", eine Seniorenvereinigung in den USA, und sie selbst werden öfter auch mit diesem Beinamen genannt.

Doch es müssen nicht immer aufsehenerregende Bereiche sein, wenn Ältere etwas für das Gemeinwohl beisteuern wollen. Wie die Praxis zeigt, verwirklichen auch kleinere Gruppen öfter ausgesprochen handfeste Vorhaben ohne besonderes Aufsehen. Auch dabei handelt es sich um Initiativen von Bürgern für Bürger — sie verdienen es, bekanntzuwerden und Nachahmung zu finden.

Beispiele aus der Praxis:
In *Trechtinghausen am Rhein* haben sich vor Jahren Rentner zusammengefunden in der Absicht, zur Verschönerung des eigenen Dorfes beizutragen. Unter anderem verwandelten sie das bis dahin vernachlässigte Flußufer in eine gepflegte Promenade.

Ähnlich gründeten mehrere Senioren in *Kreiensen/Niedersachsen* einen "Spatenclub". Sie gingen daran, die Wander- und Waldwege der näheren Umgebung auszubauen.

In der Nähe von *Alfeld an der Leine* schlossen sich die "Hils-Knorren" zusammen, eine Gruppe von Ruheständlern, die sich einmal in der Woche zu einem längeren Marsch durch die Hils-Wälder treffen. Unterwegs kontrollieren sie, ob mit den Wegen alles in Ordnung ist, und stellen gegebenenfalls Schäden ab, erneuern Wandermarkierungen und achten darauf, daß niemand im Wald raucht oder unbedacht mit Feuer umgeht.

In einem Vorort von *Mönchengladbach* errichteten 50 Männer — darunter Rentner — in eigener Arbeit einen Erweiterungsbau zur vorhandenen Altenbegegnungsstätte. Über ein halbes Jahr lang setzten sie ihre freie Zeit dafür ein.

9. Übernahme von Ehrenämtern

Ein Ehrenamt ist ein öffentliches Amt, das ohne Bezahlung ausgeübt wird. Lediglich entstandene Ausgaben wie z. B. Fahrtkosten und ähnliches werden vergütet.

Wohl das bekannteste Ehrenamt ist das eines *Schöffen* beim Schwurgericht. Im allgemeinen wird jedoch niemand zum Schöffen berufen, der über 70 Jahre alt ist. Der Schöffe entscheidet als Laienrichter das jeweilige Urteil mit. Da Schwurgerichtsprozesse zuweilen viel Zeit in Anspruch nehmen und berufstätige Schöffen inzwischen ihren Beruf nicht ausüben können, werden sie im allgemeinen nur in Abständen herangezogen. Das gleiche gilt für andere ehrenamtliche Richter im Bereich der Justiz.

Ein Beispiel bietet auch der *Schiedsmann*, der die Aufgabe hat, bei bestimmten Streitigkeiten unter Nachbarn in seinem Ort oder in seinem Stadtteil vor allem vermittelnd tätig zu werden. Eine Großstadt wie Köln hat allein 53 Schiedsmannbezirke, von denen nahezu die Hälfte viele Jahre unbesetzt bleiben mußte. Erst ein Aufruf des Rechtsdezernenten in der Tageszeitung brachte die erwünschten Bewerbungen. Zwar sind die Voraussetzungen für derartige Schlichtungsverfahren gesetzlich geregelt, doch gewisse Grundlagenkenntnisse und Einfühlungsvermögen in das Rechtswesen sollte ein Schiedsmann für sein Amt mitbringen.

Sogenannte *Gebrechlichkeitspfleger* haben ebenfalls eine besonders verantwortungsvolle Aufgabe und sind deshalb gesucht. Sie übernehmen gewissermaßen die Vormundschaft über eine oder mehrere erwachsene Personen, die in der Führung ihrer Angelegenheiten auf Hilfe angewiesen sind. Dabei handelt es sich jedoch nicht um eine Entmündigung, der Pflegebefohlene bleibt geschäftsfähig und kann "allgemein zulässige Rechtsgeschäfte selbständig und mit voller Wirkung" vornehmen. Eine Gebrechlichkeitspflegschaft wird vom Vormundschaftsgericht angeordnet, entweder im Einverständnis mit dem Betroffenen oder gegen seinen Willen, z. B. bei geistig oder körperlich stark Behinderten. Die Gebrechlichkeitspfleger stehen in der Aufsicht des Vormundschaftsgerichtes, das Interessenten für dieses Ehrenamt auch weitere Informationen gibt.

In einigen Städten und Kreisen gibt es in neuerer Zeit die Einrichtung von *Seniorenräten oder Seniorenbeiräten*. Sie nehmen zwar im eigentlichen Sinn kein öffentliches Amt wahr, ihre Aufgabe ist jedoch, sich für berechtigte Interessen der älteren Mitbürger einzusetzen und dem jeweiligen Stadt- oder Gemeindeparlament Hinweise zu geben, woran es den Älteren fehlt, und Vorschläge für Abhilfen zu machen. Es gibt Stadtväter, die selbst die Bildung von Seniorenbeiräten schon vor Jahren eingeleitet haben, während man sie anderenorts als unerwünschte Nebenparlamente betrachtet. Da sie nur Vorschläge machen und nicht mitentscheiden können, ist zuweilen auch von ihrer "Alibi-Funktion" die Rede. Das mag hier und da durchaus der Fall sein, ebensowenig lassen sich aber die positiven Ergebnisse der Arbeit von Seniorenräten in anderen Städten verleugnen.

Allerdings entstehen Seniorenbeiräte nicht etwa nach einem einheitlichen Muster. Sie sind nur zum Teil in freier geheimer Wahl bestimmt worden, sie setzen sich auch nicht überall allein aus älteren Bürgern zusammen, sondern teilweise gehören auch Fachkräfte aus dem Bereich der Altenhilfe mit dazu. Die Befürworter von Seniorenbeiräten treten zumeist für ihre freie und geheime Wahl ein und lehnen Mischformen eher ab. Andererseits ist nicht jeder ältere Bürger, der sich für die Mitarbeit in einem Seniorenbeirat berufen fühlt und gewählt wird, auch unbedingt dafür geeignet. Sachkenntnis in demokratischen Verfahren auf kommunaler Ebene und Sachlichkeit im Vorgehen — deswegen muß auf Beharrlichkeit nicht verzichtet werden — sind neben der Kenntnis der Sorgen und Anliegen der älteren Mitbürger jedoch eine gute Voraussetzung.

Beispiele aus der Praxis:

In *Darmstadt* entstand aus privater Initiative ein Seniorenrat, dem sowohl Rentner als auch noch im Beruf stehende Mitglieder angehören. Mehrere Arbeitskreise beschäftigen sich z. B. mit Aufgaben wie Zusammenführung von jung und alt, Vermittlung von Lebenshilfen, Maßnahmen zur Teilnahme der Älteren am gesellschaftlichen Leben usw.

Eine seiner wichtigsten Aufgaben sieht der Seniorenbeirat von *Hannover* darin, Fragen und Klagen älterer Bürger entgegenzunehmen und Einzelprobleme lösen zu helfen. Dabei kann es sich etwa um die Aufstellung einer fehlenden Ruhebank handeln, um die Verlegung von Straßenbahnhaltestellen oder um individuelle Mieterprobleme. Ein bei Älteren besonders beliebtes Hallenbad konnte durch den Einspruch des Seniorenrates vor dem Abbruch bewahrt werden, und nach mehrfachem Anlauf wurde eine Fahrpreisermäßigung für Ältere bei den Städtischen Verkehrsbetrieben erwirkt. Verbindung wurde auch zu den örtlichen Altenheimen aufgenommen und Mängel mit den Heimleitern besprochen. Die Volkshochschule konnte dafür gewonnen werden, für die vom Gesetz vorgeschriebenen Heimbeiräte ein eigenes Seminar einzurichten. Zu besonders aktuellen Fragen wie z. B. zur Einführung des sogenannten Telefon-Zeittaktes hat der Seniorenbeirat auch über Hannover hinaus mit öffentlichen Resolutionen Stellung genommen.

Der Seniorenbeirat der Stadt *Salzgitter* hat sich ebenfalls besonders der Heimbeiräte in den örtlichen Alten- und Pflegeheimen angenommen. Seine Initiativen galten seither u. a. der Einrichtung von Begegnungsstätten, der Bereitstellung von Kleinwohnungen für Ältere, den Maßnahmen zugunsten älterer Fußgänger im Straßenverkehr und dem Erfahrungsaustausch mit Seniorenbeiräten anderer Städte.

Vom *Münchner* Seniorenbeirat, der nach dem Modell von Hannover frei gewählt wird, kam der Anstoß, eine Arbeitsgemeinschaft bayerischer Seniorenbeiräte ins Leben zu rufen. Auf diese Weise sollen der Erfahrungsaustausch gefördert und bestimmte Aktivitäten besser aufeinander abgestimmt werden. Für seine Arbeit geht der Beirat davon aus, daß für viele ältere Menschen schon Kleinigkeiten zu ernsten Alltagsproblemen werden können, die von ihnen allein schwer zu lösen sind. Unter anderem konnte er erreichen, daß er im Stadtrat das Rederecht erhielt und damit die Sorgen und Probleme der Älteren unmittelbar den Stadtvätern vortragen kann. Als einen der ersten Erfolge setzte der Beirat die Einführung eines Warmbadetages pro Woche für die ältere Generation in einem Hallenbad durch.

Direkt gewählt wird auch der Seniorenbeirat in *Lüneburg*. 40 % der Bürger über 65 folgten dem Aufruf, zur Wahlurne zu gehen. Der Beirat ist bemüht, einerseits Verbindung zu Behörden und anderen öffentlichen Stellen zu halten und andererseits Hilfen in Wohnungs-, Sozialhilfe-, Renten- und Testamentsfragen zu vermitteln. Weiter kümmert er sich um die Koordination von Veranstaltungen und Weiterbildungsangeboten. Besondere Nachfrage findet die wöchentliche Sprechstunde für Ältere.

10. Noch mehr Anregungen und Initiativen

Von den Beispielen, die im Abschnitt über ehrenamtliche Mitarbeit bereits aufgeführt wurden, könnte dies oder jenes genausogut auch einem anderen Stichwort zugeordnet sein. Es wurde schon gesagt — wo freiwillige Helfer Dienst am Menschen leisten, lassen sich Aufgaben und Tätigkeiten nicht immer nach bestimmten, vorgegebenen Merkmalen trennen und in verschiedene Fächer ordnen. Kennzeichnend für diese Art Mitarbeit ist jedoch der Wille, etwas für andere Personen oder auch die Allgemeinheit zu tun, und eine Tatkraft, die zupackt und nicht lange zögert.

In einem Bericht in einer Fachzeitschrift wird von der Seite eines großen Wohlfahrtsverbandes zum Thema "Ehrenamtliche Mitarbeit in der freien Wohlfahrtspflege" eine Aufstellung gemacht, was Helfer vor allem für ihre Tätigkeit mit einbringen sollen, nämlich unter anderem
— innere Anteilnahme am Schicksal des Nächsten,
— soziales/sozialpolitisches Engagement für soziale Gesellschaftsprobleme,
— unbekümmert-spontanes Herangehen an Hilfesuchende und Ratsuchende durch fachtheoretische Unbefangenheit,
— unbürokratisches oder unkompliziertes Denken,
— elementar-karitatives Helfenwollen,
— eigene praktische Lebenserfahrungen, persönliche Fähigkeiten, Neigungen und Kontakte,
— gelegentlich auch ihre Familie, um einzelnen "Gefährdeten" oder Hilfesuchenden zu helfen,
— zum Teil jederzeit abrufbare Hilfsbereitschaft.

Doch auch dann, wenn man diese Eigenschaften mitbringt, können sich bei Initiativen, die man selbst verantwortet, Fragen und Probleme ergeben, zu denen man gern noch eine andere Stelle hören oder einen gezielten Rat einholen möchte.

Die gemeinnützige *Stiftung "Die Mitarbeit"* in 5628 Heiligenhaus, Am Vogelsang 18, bietet Erfahrungsaustausch und Beratung für Initiatoren und Initiativgruppen über die folgenden regionalen Anschriften an:
— Kontaktstelle für Initiativen in Westfalen, Dr. Annedore Schultze, Burgstraße 37, 4973 Vlotho;
— Beratungs- und Erfahrungsaustausch in Herford und Ostwestfalen, Jutta Kröger, Obernbrink 3, 4900 Herford-Elverdissen;

— Kontaktstelle für Initiativen im Rheinland, Lieselotte Faltz, Am Vogelsang 18, 5628 Heiligenhaus;
— Kontaktstelle für Initiativen in Bayern, Dr. Karin Hertel, Leinthalerstraße 10, 8000 München 45.

Über Bürgermitarbeit und Bürgerinitiativen hat die Stiftung "Die Mitarbeit" bereits mehrere Schriften mit Beispielen herausgegeben, u. a. das Taschenbuch "Bürger-Mitarbeit — Was und Wie in 52 Beispielen", das auch vom *Presse- und Informationsamt der Bundesregierung,* Welckerstraße 11, 5300 Bonn, angefordert werden kann.

Wie breit das Spektrum der Möglichkeiten insgesamt ist, soll noch einmal von den folgenden Beispielen belegt werden. Sie zeigen aber auch, daß Einfallsreichtum und "kreative" Fantasie durchaus gefragt und von Vorteil sind, wenn es darum geht, ehrenamtlich tätig zu werden:

Auf allen großen Bahnhöfen gibt es die *Bahnhofsmission,* ein bewährtes Einsatzgebiet für freiwillige Helfer. Auf diesem Gebiet arbeiten die evangelische und die katholische Kirche zusammen. Die Bahnhofsmission hilft allen Reisenden, die ein Problem haben, das mit der Reise zusammenhängt oder durch die Reise ausgelöst wurde. Dabei kann es sich um Hilfe beim Gepäcktransport handeln, um das Weiterleiten von Nachrichten an Verwandte oder Bekannte, Vermitteln von Telefonrufnummern, Beschaffen von Fahrkarten, Hilfen bei Unpäßlichkeit oder die Bereitstellung eines Wickeltischs und eine Fülle ähnlicher Dienstleistungen, die sich aus der Situation des Reisenden im Augenblick ergeben. Die Helfer der Bahnhofsmission sind darin geübt, sich "schnell etwas einfallen" zu lassen, Lebenserfahrung und Freude an Verantwortung sind bei ihnen daher besonders gefragt. Die Zeit, die sie für ihren Einsatz zur Verfügung stellen, können sie selbst bestimmen, doch schon mit drei Stunden in der Woche ist man "dabei".

In Hessen besteht ein *"Verein zur Förderung der Bewährungshilfe",* der rund 500 ehrenamtliche Helfer in seinen Reihen hat, die sich sowohl um noch Inhaftierte als auch um Haftentlassene kümmern. Die Beratungsstelle des Vereins in *Frankfurt* arbeitet eng mit der Volkshochschule zusammen, die für Neulinge unter den Helfern Einführungsseminare veranstaltet. Außerdem finden regelmäßige Aussprachen der Mitarbeiter unter der Leitung von Fachkräften (z. B. erfahrene Psychologen) statt. Die älteren Bürger machen über die Hälfte der Ehrenamtlichen aus, darunter auch Hausfrauen. Die Beratungsstelle betont, daß man mit den Älteren sehr gute Erfahrungen gemacht habe.

Die dem Deutschen Paritätischen Wohlfahrtsverband angeschlossene *Stuttgarter Telefonkette* konnte bereits 1979 ihr 10jähriges Jubiläum begehen. Ihre Gründerin, eine ältere Zahnärztin, die aus Gesundheitsgründen ihren Beruf aufgeben mußte, wurde aus diesem Anlaß mit dem Bundesverdienstkreuz ausgezeichnet. Es handelte sich hier um die erste Einrichtung dieser Art in der Bundesrepublik, die inzwischen in vielen Orten verbreitet ist. Telefonketten, auch Telefonringe genannt, bestehen aus sechs bis acht älteren Teilnehmern, die sich zu gewissen Zeiten reihum anrufen, um sich zu vergewissern, daß alle wohlauf sind. Der Start des Rundrufs beginnt beim sogenannten Kettenkapitän — meist eine Frau — und endet auch wieder bei ihm. Wird ein Ruf nicht angenommen und die Kette somit unterbrochen, erfolgt Rückmeldung an den Kapitän, der dafür sorgt, daß bei dem entsprechenden Teilnehmer in der Wohnung nachgesehen wird und er, wenn nötig, Hilfe erfährt. — Ein Merkblatt über Ziel und Einrichtung von Telefonketten kann vom *Kuratorium Deutsche Altershilfe,* An der Pauluskirche 3, 5000 Köln 1, angefordert werden.

Weitere Beispiele aus der Praxis:

Im Kreis *Gütersloh* gründete ein 72jähriger Studienrat a. D. einen "Arbeitskreis für Erziehungsfragen" als Ein-Mann-Unternehmen. Es ging ihm darum, Eltern handfeste Hilfen für Schwierigkeiten in der Erziehung ihrer heranwachsenden Kinder zu geben. Er konnte gleich zu Beginn auch einige Schulen für diese Eltern-Fortbildung gewinnen, die er gemeinsam mit anderen Referenten durchführte und nach der die Nachfrage schnell anstieg. An seinem 80. Geburtstag meinte er dazu: "Wenn es einem einmal klargeworden ist, daß es ganz weitgehend von uns selbst abhängt, wie sich unser Leben und unsere Gesellschaft entwickelt, dann muß man ganz einfach etwas tun und seinen Möglichkeiten entsprechend aktiv werden. — Natürlich geht es dabei nicht ohne Rückschläge ab. Aber da sollte man sich nicht entmutigen lassen. Wenn man einen möglichen Mißerfolg von vornherein einkalkuliert, dann kommt man nachher leichter darüber hinweg!"

In *Mechernich* in der Eifel gründete die Katholische Arbeitnehmerbewegung (KAB) einen Möbeldienst, bei dem Geld keinerlei Rolle spielt. Um zu verhüten, daß nicht mehr gebrauchte Möbelstücke beim Sperrmüll landen, holt der Dienst, der über mehr als 200 Helfer verfügt, die Möbel ab und gibt sie bei Bedarf an kinderreiche Familien, Flüchtlinge oder auch Sozialhilfeempfänger weiter. Das Prinzip dabei ist "Not sehen — Bedürftigkeit erkennen — sofort helfen". Privatleute, Firmen und die umliegenden Sozialämter helfen mit Transportfahrzeugen aus.

In mehreren *Kölner Museen* sind Laienhelfer tätig. Zum Teil helfen sie bei Ausschachtungen in dem an historischen Funden reichen Boden in Köln und Umgebung mit, daß wertvolle Stücke erkannt und gesichert werden, bevor der Bagger sie zerstört. Andere ehrenamtliche Helfer übernehmen Führungen in den Museen, für die sie in Seminaren besonders ausgebildet werden.

In *Mönchengladbach* besorgt eine ältere Dame den Bücherdienst in einem städtischen Altenheim. Sie erkundigt sich bei den Heimbewohnern nach ihren Bücherwünschen, holt die verlangten Titel aus der Stadtbücherei und verteilt sie dann an die Heimbewohner. Dabei ergibt sich immer auch die willkommene Gelegenheit zu einer Unterhaltung.

Eine 71jährige aus *Zürich* arbeitet dort ehrenamtlich in einem Krankenhaus mit, und zwar registriert sie einmal in der Woche von 8 Uhr 30 bis 11 Uhr die ankommenden Patienten. Zweimal in der Woche abends von 17 Uhr 30 bis 20 Uhr macht sie Pfortendienst, erteilt den Besuchern Auskünfte, frankiert Post und leitet Blumen und eventuelle Telegramme an die Patienten weiter.

Daß auch im Aufgabengebiet einer Pfarrei viel Platz für freiwillige Helfer ist, bestätigt eine andere ältere Schweizerin aus *Basel*. Sie gibt Handarbeitskurse unter dem Titel "Alte und neue Handarbeitstechniken". Sie hat die Erfahrung gemacht, daß gerade ältere Frauen lieber einen Kurs besuchen, in dem mehrere Techniken gezeigt werden, da der "Wettbewerb", der von ihnen gescheut wird, dann eine weit geringere Rolle spielt.

In einem Altenheim in *Frankfurt* leitet eine ehemalige Lehrerin für Werken und künstlerisches Gestalten einmal wöchentlich einen Werkkurs. Die Arbeiten der Heimbewohner werden einem Weihnachtsbasar zur Verfügung gestellt.

Ein Wort noch zu den Beispielen

Die in dieser Schrift angeführten Beispiele sind eine Auswahl aus dem mir beim Kuratorium Deutsche Altershilfe zugänglichen Material und aus einigen privaten Informationsquellen. Es kann durchaus sein, daß Sie, lieber Leser, noch auf weit überzeugendere und erfolgreichere stoßen. Mit einiger Sicherheit dürfte insgesamt in der Bundesrepublik Deutschland und Berlin West ein Vielfaches von Aktivitäten mehr oder weniger vergleichbarer Art anzutreffen sein. Es gibt darüber jedoch keinerlei Meldepflicht an eine zentrale Stelle, so daß eine Gesamt-Bestandsaufnahme nicht erstellt werden kann. Andererseits darf angenommen werden, daß der Informationsstand beim Kuratorium Deutsche Altershilfe dem noch am nächsten kommt.

Zu erwähnen ist noch, daß die Kenntnis von einigen Beispielen aus bereits zurückliegenden Jahren datiert (etwa ab 1976). Es kann also auch im Bereich des Möglichen liegen, daß sie in der beschriebenen Form nicht mehr unverändert bestehen. Gerade dort, wo Angebote und Maßnahmen nicht an fest etablierte Institutionen gebunden sind, sondern auf freier Initiative beruhen, ist ihre Fortentwicklung nicht selten vom Wirken und von der Tatkraft einzelner Menschen abhängig, die aus unterschiedlichen Gründen eines Tages ausfallen können und nicht immer eine entsprechende Nachfolge finden. **Der Wert eines Beispiels wird durch eine solche Entwicklung jedoch keinesfalls gemindert!**

Sieben Goldene Regeln zum guten Schluß

Wenn Sie bis hierher gekommen sind, haben Sie eine Vielfalt der Möglichkeiten vor Augen, wie Sie Ihre freie Zeit nutzen könnten. Vielleicht empfinden Sie gerade deshalb jetzt so etwas wie die "Qual der Wahl" und planen unschlüssig von einem zum anderen Vorhaben hin und her, ohne zu einer Entscheidung zu kommen.

Erste Regel: Nehmen Sie sich unser Testspiel "Freizeit-Wegweiser" vor. Es hilft Ihnen, die für Sie besonders geeigneten Bereiche klarer zu erkennen — gleichzeitig macht es Spaß, und das vermutlich nicht nur Ihnen. Lassen Sie ruhig auch einmal andere hineinschauen und damit umgehen. Es vermittelt zudem eine gute Gesamtübersicht auf einen Blick.

Zweite Regel: Besprechen Sie überhaupt Ihr Vorhaben auch mit Ihrem Partner oder Ihrer Partnerin, mit guten Freunden oder Bekannten. Auch das trägt dazu bei, einen Entschluß zu fassen und in die Tat umzusetzen. Lassen Sie sich aber nicht durch gegensätzliche Meinungen verunsichern — es ist I h r e freie Zeit und es sind I h r e persönlichen Interessen, um die es hier geht. Wichtig ist auch, daß Sie von vornherein bedenken, wieviel Zeit Sie auf Ihr Hobby oder Ihre ehrenamtliche Tätigkeit verwenden können.

Dritte Regel: Bleiben Sie auf der Suche nach Freizeitmöglichkeiten auch dann am Ball, wenn Sie zunächst nicht genau das finden, was Ihnen vorschwebte. Sie betreten nicht nur Neuland für sich selbst, sondern auch ein Entwicklungsland, in dem ein ständiger Ausbau stattfindet. Bleiben Sie auf der "Frage-Route", wenn es sein muß: mit der Hellhörigkeit und Findigkeit eines Pfadfinders oder Detektivs. Außerdem trägt Nachfrage — auch die Ihre — immer zur Entstehung neuer, vorher noch nicht vorhandener Angebote bei.

Vierte Regel: Am besten erkunden Sie zuerst die Angebote an Ihrem Wohnort. Hier noch einmal die möglichen Auskunftsstellen: Örtlich vorhandene Dienststellen der Wohlfahrtsverbände (auch Pfarrämter und Kirchengemeinden), Sozialamt (in kleineren Orten auch Gemeindeverwaltung), Volkshochschule (evtl. Zweigstelle), Familienbildungsstätte, örtliche Vereine verschiedenster Art.

Genausogut können Sie aber auch einen Urlaub darauf verwenden, einmal an einem Hobbykurs oder an einem speziellen Seminar für ältere Bürger in einem schön gelegenen Erholungsort teilzunehmen. Wenn Sie berufstätig sind oder feste familiäre Verpflichtungen haben, werden Sie für den Anfang ein solches Urlaubsseminar vielleicht vorziehen. Das *Kuratorium Deutsche Altershilfe* in Köln teilt Ihnen gern Anschriften von Seminaren usw. mit, bei denen Sie Genaueres über ihre jeweiligen Programme erfahren können.

Fünfte Regel: Übrigens muß Ihr erstes Vorhaben keineswegs auch gleich dasjenige sein, an dem Sie für alle Zukunft festhalten. Bringen Sie lieber die Bereitschaft mit, mehrere Starts zu wagen, wenn der erste Sie vielleicht enttäuschen sollte. Wie schon gesagt — Sie betreten ja Neuland. Doch brechen Sie eine eben begonnene Aktivität nicht schon im Anfangsstadium ab. Eine Portion Zähigkeit und die Bereitschaft zur Selbsterfahrung gehören schließlich auch dazu. Ansonsten schreibt Ihnen niemand vor, sich auf eine einzige Freizeittätigkeit zu beschränken, falls Sie Lust auf mehrere verspüren. Andererseits kann es passieren, daß Sie mit Haut und Haaren von Ihrem Hobby oder von Ihrer Aufgabe in Besitz genommen werden. Lassen Sie sich nicht gänzlich "auffressen", damit Sie nicht im selbstverordneten unguten Streß landen. Ihre Tätigkeit soll Ihr Leben bereichern und mit Sinn erfüllen, nicht aber Sie in Hetze bringen und unter Druck setzen!

Sechste Regel: Vergessen Sie bei alldem den Kontakt mit anderen, auch jüngeren Menschen nicht. Vergessen Sie ebensowenig, daß Sie ebenfalls einmal jung gewesen sind. Vielleicht erleben Sie wie viele vor Ihnen, daß Sie im Kontakt mit Jüngeren sich selbst wieder jünger und belebter fühlen. Alt und jung haben sich immer noch und immer wieder viel zu sagen — vorausgesetzt, daß man noch zuhören kann und einseitig-starre Ansichten nicht für eine Tugend hält, auf die man womöglich noch stolz ist.

Siebte Regel: Je früher Sie mit Ihrer Planung beginnen, um so besser für Sie. Wenn Sie noch berufstätig sind, sollten Sie keinesfalls Ihr Vorhaben so lange hinausschieben, bis Sie ins Rentner- bzw. Pensionärsdasein eintreten. Sie können jetzt den Übergang in eine neue Lebensphase besser angehen und schließlich leichter schaffen und haben dabei anderen viel voraus.

Sollten Sie bereits Rentner sein, so lassen Sie sich deswegen aber nicht entmutigen. Wenn die Redewendung "... es ist nie zu früh und selten zu spät" eine Berechtigung hat, dann hier.

Und nun kann es für Sie losgehen. Autorin und Verlag wünschen Ihnen "Glück auf!" und geben Ihnen einen Ausspruch von Marie von Ebner-Eschenbach mit auf den Weg!

Man bleibt jung, solange man noch lernen, neue Gewohnheiten annehmen und Widerspruch ertragen kann.

Anhang: Adressen, Telefonnummern

Verbände der freien Wohlfahrtspflege — Bundeszentralen

Arbeiterwohlfahrt Bundesverband e. V., Marie-Juchacz-Haus, Oppelner Straße 130, 5300 Bonn 1, Tel. (0228) 66850

Deutscher Caritasverband, Karlstraße 40, 7800 Freiburg, Tel. (0761) 2001

Diakonisches Werk der Evangelischen Kirche in Deutschland, Stafflenbergstraße 76, 7000 Stuttgart 1, Tel. (0711) 2159-1

Deutscher Paritätischer Wohlfahrtsverband, Wilhelm-Polligkeit-Institut, Heinrich-Hoffmann-Straße 3, 6000 Frankfurt/M. 71, Tel. (0611) 6706-1.

Deutsches Rotes Kreuz, Generalsekretariat, Friedrich-Ebert-Allee 71, 5300 Bonn 1, Tel. (02221) 5411

Zentralwohlfahrtsstelle der Juden in Deutschland, Friedrich-Hebel-Straße 17, 6000 Frankfurt/M. 1, Tel. (0611) 556958 und 550139

Hinweise über örtliche Zweigstellen, Mitgliederverbände u. a. siehe Seite 82 und 83.

Vereinigungen älterer Menschen

Männerarbeit der Evangelischen Kirche in Deutschland, Kantstraße 9, 6050 Offenbach, Tel. (0611) 883284

Bundesverband der Katholischen Arbeitnehmerbewegung e. V., Zentrale, Bernhard-Letterhaus-Straße 26, 5000 Köln, Tel (0221) 729664

Lebensabendbewegung e. V., Burgfeldstraße 17, 3500 Kassel-Wilhelmshöhe, Tel. (0561) 36024 und 36922

Bundeskongreß der älteren Generation e. V., Ständiges Kongreßbüro, Friedrich-Ebert-Straße 3, 3500 Kassel 1, Tel. (0561) 12682

Sozialministerien der Bundesländer:

Baden-Württemberg: Ministerium für Arbeit, Gesundheit und Sozialordnung, Rotebühlplatz 30, 7000 Stuttgart 1, Tel. (0711) 6673-1

Bayern: Staatsministerium für Arbeit und Sozialordnung, Winzerstraße 9, 8000 München 40, Tel. (089) 1253-1

Berlin: Der Senator für Arbeit und Soziales, An der Urania 4—10, 1000 Berlin 30, Tel. (030) 2122-1

Bremen: Der Senator für Soziales, Jugend und Sport, Bahnhofsplatz 29, 2800 Bremen, Tel. (0421) 361-1

Hamburg: Freie und Hansestadt Hamburg, Arbeits- und Sozialbehörde, Hamburger Straße 47, 2000 Hamburg 76, Tel. (040) 29188-1

Hessen: Der Hessische Sozialminister, Adolfsallee 53, 6200 Wiesbaden, Tel. (06121) 815-1

Niedersachsen: Sozialministerium, Hinrich-Wilhelm-Kopf-Platz 2, 3000 Hannover 1, Tel. (0511) 190-1

Nordrhein-Westfalen: Ministerium für Arbeit, Gesundheit und Soziales, Horionplatz 1, 4000 Düsseldorf 1, Tel. (0211) 835-1

Rheinland-Pfalz: Ministerium für Soziales, Gesundheit und Sport, Bauhofstraße 4, 6500 Mainz 1, Tel. (06131) 16-1

Saarland: Der Minister für Arbeit, Gesundheit und Sozialordnung, Hindenburgstraße 23, 6000 Saarbrücken 1, Tel. (0681) 501-1

Schleswig-Holstein: Sozialministerium, Brunswiker Straße 16—22, 2300 Kiel 1, Tel. (0431) 501-1

Rund um das Hobby

Rat und Auskunft (allgemein):
Kuratorium Deutsche Altershilfe — Wilhelmine-Lübke-Stiftung e. V., An der Pauluskirche 3, 5000 Köln, Tel. (0221) 313071

Sammeln (vgl. Seiten 33—37):
Briefmarkentauschgemeinschaft Alpenland, Georg Jahreis, Klingesstraße 48, 8501 Eschenau

Sport und Bewegung (vgl. Seiten 55—65):
Verbände der freien Wohlfahrtspflege — örtliche Dienststellen

Deutscher Sportbund, Otto-Fleck-Schneise 12, 6000 Frankfurt/M., Tel. (0611) 67001, bzw. örtliche Turn- und Sportvereine

Deutscher Turnerbund, Otto-Fleck-Schneise 12, 6000 Frankfurt/M., Tel. (0611) 6708001, bzw. örtliche Turn- und Sportvereine

Bundesverband Seniorentanz, Geschäftsführung, Dr. Arndt von Lüpke, Burgweg 9, 5420 Lahnstein

Stiftung Spazierengehen e. V., Am Wünnesberg 31, 4300 Essen

Skikurse für Senioren:
Österreich-Information, Roßmarkt 12, 6000 Frankfurt/M.
Schweizer Ski-Schule, Brandschenke 156, CH-8002 Zürich

Urlaub und Reisen (vgl. Seiten 66—71):

Bundesarbeitsgemeinschaft Hilfe für Behinderte e. V., Kirchfeldstraße 149, 4000 Düsseldorf, Tel. (0211) 340085

Bundesverband der Arbeiterwohlfahrt e. V., Oppelner Straße 130, 5300 Bonn 1, Tel. (0228) 66850

Deutsche Diabetiker-Touristik, Alte Freiheit 26, 5600 Wuppertal 1, Tel. (0202) 447066

Familien-Ferien-Werk e. V., Georgstraße 20, 5000 Köln, Tel. (0221) 218888

Gesamtdeutsches Institut, Bundesanstalt für gesamtdeutsche Aufgaben, Adenauerallee 10, 5300 Bonn 1, Tel. (0228) 2071

Heimbetriebs-GmbH der Lebensabendbewegung, Burgfeldstraße 17, 3500 Kassel-Wilhelmshöhe, Tel. (0561) 35081

INTERSENIOR-REISEN, Enneper Straße 87, 5800 Hagen-Haspe

Schweizer Verkehrsbüro, Kaiserstraße 23, 6000 Frankfurt/M.

Bildungsangebote (vgl. Seiten 72—76):

Akademie am Meer, Klappholttal, 2282 List auf Sylt

Der Sandkrughof, Akademie für Lebens- und Freizeitinhalte, 2058 Lauenburg/Elbe, Tel. (04153) 2881

Evangelische Akademie Bad Boll, 7325 Bad Boll, Tel. (07164) 791

Evangelische Akademie Haus der Begegnung, Uhlenhorstweg 29, 4330 Mülheim/Ruhr, Tel. (0208) 51201

Evangelisches Seniorenbildungswerk Haard e. V., Haardgrenzweg 338, 4354 Oer-Erkenschwick, Tel. (02368) 1236

Gustav-Stresemann-Institut für übernationale und europäische Zusammenarbeit, Haus Lehrbach, 5060 Bergisch Gladbach, Tel. (02202) 31021

Heimvolkshochschule Leck, Flensburger Straße 18, 2262 Leck, Tel. (04662) 3041

Internationaler Arbeitskreis Sonnenberg, 3424 St. Andreasberg/Harz, Tel. (05582) 1091, Geschäftsstelle: Bankplatz 1, 3300 Braunschweig

Weitere Erwachsenenbildungsstätten wie kirchliche und politische Akademien und Heimvolkshochschulen

Politische Bildung:

Bundeszentrale für politische Bildung, Berliner Freiheit 7, 5300 Bonn 2

Hochschulen mit Angeboten für Senioren:

Gesamthochschule Kassel, Arbeitsgruppe für Gerontologie, Mönckebergstraße 19, 3500 Kassel

Universität Dortmund, Altenakademie, Emil-Figge-Straße 50, 4600 Dortmund

Universität Gießen, Universitäts-Sekretariat Ludwig-Straße 23, 6300 Gießen

Universität Marburg, Seniorensekretariat, Blitzweg 16, 3550 Marburg

Etwas für andere tun

Rat und Auskunft (allgemein):

Verbände der freien Wohlfahrtspflege (Anschriften siehe Seite 129)

Vereinigungen älterer Menschen (Anschriften siehe Seite 129)

Kuratorium Deutsche Altershilfe — Wilhelmine-Lübke-Stiftung e. V., An der Pauluskirche 3, 5000 Köln, Tel. (02 21) 31 30 71

(Regionale Anschriften siehe "Noch mehr Anregungen und Initiativen", Seiten 120—123)

Besuchsdienste in Altenheim und Krankenhaus
(vgl. Seiten 98—101):

Evtl. örtliche Kirchengemeinden, örtliche Dienststellen der Wohlfahrtsverbände

Zentrale der Evangelischen Krankenhaushilfe "Grüne Damen", Pappelweg 25 a, 5300 Bonn

Babysitter-Hilfsdienste und "Wahl-Omis"
(vgl. Seiten 102—104   Stand: Herbst 1981)

Berlin:	Tina Breitinger, Unter den Rüstern 12, 1000 Berlin 41, Tel. (030) 7 96 46 84
Bremen:	Elfriede Schumacher, Gottfried-Menken-Straße 15, 2800 Bremen 1, Tel. (04 21) 53 01 053

Coburg:	Ramona Brejschka, Am Lauersgraben 20 f, 8630 Coburg, Tel. (09561) 37165
Darmstadt:	Ute Helbing, Landskronstraße 48, 6100 Darmstadt, Tel. (06151) 61473
Erlangen:	Angelika Pachuntke, Bamberger Straße 10, 8520 Erlangen, Tel. (09131) 44638
Gelsenkirchen:	Ruth Schunack, Pierenkämper Straße 113, 4660 Gelsenkirchen-Buer, Tel. (0209) 781314
Hamburg:	Beate Cramer-Harwardt, Wichelmannweg 33, 2000 Hamburg 70, Tel. (040) 6560203
Kiel:	Familienhilfsdienst/Haus der Familie, Lornsenstraße 14, 2300 Kiel, Tel. (0431) 562973
Köln:	Anna Barz, Mayener Straße 8, 5000 Köln 41, Tel. (0221) 434634
Lüneburg:	Brigitte Schopmeyer, Julius-Wolf-Straße 4, 2120 Lüneburg, Tel. (04131) 32566
München:	Erika Vollath, Kaspar-Kerll-Straße 34 a, 8000 München 60, Tel. (089) 8348790
Neumünster:	Gabriela Matthes, Robert-Koch-Straße 100, 2350 Neumünster, Tel. (04321) 53348
Rheinbreitbach:	Ute Leiendecker, Grabenstraße 6 b, 5342 Rheinbreitbach, Tel. (02224) 72072
Saarbrücken:	Elsa Mai, Lehmkaulweg 48, 6600 Saarbrücken 6, Tel. (0681) 854220
Stuttgart:	Elke Appinger, Kolpingstraße 1, 7012 Fellbach-Oeffingen, Tel. (0711) 513687
Viersen-Grefrath:	Frieda Lange, Buchenweg 24, 4155 Grefrath, Tel. (02158) 2841 Martha Rasehorn, Buchenweg 41, 4155 Grefrath, Tel. (02158) 3237

Winsen/L.-Luhdorf: Hannelore Baars, Lindenstraße 9, 2090 Winsen/L.-
 Luhdorf, Tel. (04171) 73964

Mitarbeit in Reparaturdiensten (vgl. Seiten 109—111)

Kompanie des guten Willens, Frankstraße 7, 5800 Hagen, Tel. (02331)

Kompanie des guten Willens, Frankstraße 7, 5800 Hagen, Tel. (02331) 404504

Örtliche Dienststellen der Wohlfahrtsverbände

Noch mehr Anregungen und Initiativen (vgl. Seiten 120—124):

Stiftung "Die Mitarbeit", Am Vogelsang 18, 5628 Heiligenhaus

Regionale Anschriften:

Bayern:	Kontaktstelle für Initiativen in Bayern, Dr. Karin Hertel, Leinthalerstraße 10, 8000 München 45
Herford und Ostwestfalen:	Beratungs- und Erfahrungsaustausch in Herford und Ostwestfalen, Jutta Kröger, Obernbrink 3, 4900 Herford-Elverdissen
Rheinland:	Kontaktstelle für Initiativen im Rheinland, Lieselotte Faltz, Am Vogelsang 18, 5628 Heiligenhaus
Westfalen:	Kontaktstelle für Initiativen in Westfalen, Dr. Annedore Schultze, Burgstraße 37, 4973 Vlotho

Presse- und Informationsamt der Bundesregierung, Welckerstraße 11, 5300 Bonn

Weitere Bände in der Reihe
Die erfahrene Generation

Heinz Ufer Siegfried Scheffel	**Jederzeit Reisezeit** Mit Freu(n)den planen – erleben – erinnern Mit Reisetest und Plastiktaschen
Klaus Oesterreich	**Älterwerden – ohne Angst** Fragen und Verstehen – Mit dem Arzt im Gespräch · Mit Auskunftsgutschein
Friedrich Zeis	**Der Familiendetektiv** Wie Familienforschung interessant wird Mit Forscherkassette
Imo Wilimzig (Hrsg.)	**1900–1950** Fünfzig Jahre erlebte und geschriebene Geschichte · Vorwort von Prof. Brocher
Franziska Stengel	**Gedächtnis spielend trainieren** 33 Spielarten mit 333 Spielen
Franziska Stengel	**Heitere Gedächtnisspiele** Training zur Erhaltung geistiger Beweglichkeit *Spielleiterband* Ringbuch mit Klarsichthülle *Spielmappe* für 1–3 Spieler *Ton-Cassette* für Hörübungen Mit Einleitung, gesprochen von Frau Dr. Stengel
Franziska Stengel	**Von der goldenen Hälfte des Lebens**

Lassen Sie sich die Bände bei Ihrem Buchhändler vorlegen

Ernst Klett Verlag, Stuttgart